漢字は日本文化を支える

長い日本文化の発展過程において、
漢字はその根幹となってきました。
現代を生きる私たちの漢字・日本語を学ぶことは、
次世代へ日本文化を受け継ぎ、
発展させていくために欠くことができません。
日本人の歴史とともにあった漢字学習は、
楽しい生涯学習のひとつとして、
多くの人に取り組まれています。

「漢検」級別 主な出題内容

10級 …対象漢字数 80字
漢字の読み／漢字の書取／筆順・画数

9級 …対象漢字数 240字
漢字の読み／漢字の書取／筆順・画数

8級 …対象漢字数 440字
漢字の読み／漢字の書取／部首・部首名／筆順・画数／送り仮名／対義語／同じ漢字の読み

7級 …対象漢字数 642字
漢字の読み／漢字の書取／部首・部首名／筆順・画数／送り仮名／対義語／同音異字／三字熟語

6級 …対象漢字数 835字
漢字の読み／漢字の書取／部首・部首名／筆順・画数／送り仮名／対義語・類義語／同音・同訓異字／三字熟語／熟語の構成

5級 …対象漢字数 1026字
漢字の読み／漢字の書取／部首・部首名／筆順・画数／送り仮名／対義語・類義語／同音・同訓異字／誤字訂正／四字熟語／熟語の構成

4級 …対象漢字数 1339字
漢字の読み／漢字の書取／部首・部首名／送り仮名／対義語・類義語／同音・同訓異字／誤字訂正／四字熟語／熟語の構成

3級 …対象漢字数 1623字
漢字の読み／漢字の書取／部首・部首名／送り仮名／対義語・類義語／同音・同訓異字／誤字訂正／四字熟語／熟語の構成

準2級 …対象漢字数 1951字
漢字の読み／漢字の書取／部首・部首名／送り仮名／対義語・類義語／同音・同訓異字／誤字訂正／四字熟語／熟語の構成

2級 …対象漢字数 2136字
漢字の読み／漢字の書取／部首・部首名／送り仮名／対義語・類義語／同音・同訓異字／誤字訂正／四字熟語／熟語の構成

準1級 …対象漢字数 約3000字
漢字の読み／漢字の書取／故事・諺／対義語・類義語／同音・同訓異字／誤字訂正／四字熟語

1級 …対象漢字数 約6000字
漢字の読み／漢字の書取／故事・諺／対義語・類義語／同音・同訓異字／誤字訂正／四字熟語

※ここに示したのは出題分野の一例です。毎回すべての分野から出題されるとは限りません。また、このほかの分野から出題されることもあります。

日本漢字能力検定採点基準 最終改定：平成25年4月1日

❶ 採点の対象
筆画を正しく、明確に書かれた字を採点の対象とし、くずした字や、乱雑に書かれた字は採点の対象外とする。

❷ 字種・字体
① 2～10級の解答は、内閣告示「常用漢字表」（平成二十二年）による。ただし、旧字体での解答は正答とは認めない。
② 1級および準1級の解答は、『漢検要覧 1／準1級対応』（公益財団法人日本漢字能力検定協会発行）に示す「標準字体」「許容字体」「旧字体一覧表」による。

❸ 読み
① 2～10級の解答は、内閣告示「常用漢字表」（平成二十二年）による。
② 1級および準1級の解答には、①の規定は適用しない。

❹ 仮名遣い
仮名遣いは、内閣告示「現代仮名遣い」による。

❺ 送り仮名
送り仮名は、内閣告示「送り仮名の付け方」による。

❻ 部首
部首は、『漢検要覧 2～10級対応』（公益財団法人日本漢字能力検定協会発行）収録の「部首一覧表と部首別の常用漢字」による。

❼ 筆順
筆順の原則は、文部省編『筆順指導の手びき』（昭和三十三年）による。常用漢字一字一字の筆順は、『漢検要覧 2～10級対応』収録の「常用漢字の筆順一覧」による。

❽ 合格基準

級	満点	合格
1級／準1級／2級	二〇〇点	八〇%程度
準2級／3級／4級／5級／6級／7級	二〇〇点	七〇%程度
8級／9級／10級	一五〇点	八〇%程度

※部首、筆順は『漢検 漢字学習ステップ』など公益財団法人日本漢字能力検定協会発行図書でも参照できます。

日本漢字能力検定審査基準

10級

程度　小学校第1学年の学習漢字を理解し、文や文章の中で使える。

領域・内容

《読むことと書くこと》　小学校学年別漢字配当表の第1学年の学習漢字を読み、書くことができる。

《筆順》　点画の長短、接し方や交わり方、筆順および総画数を理解している。

9級

程度　小学校第2学年までの学習漢字を理解し、文や文章の中で使える。

領域・内容

《読むことと書くこと》　小学校学年別漢字配当表の第2学年までの学習漢字を読み、書くことができる。

《筆順》　点画の長短、接し方や交わり方、筆順および総画数を理解している。

8級

程度　小学校第3学年までの学習漢字を理解し、文や文章の中で使える。

領域・内容

《読むことと書くこと》　小学校学年別漢字配当表の第3学年までの学習漢字を読み、書くことができる。

- 音読みと訓読みとを理解していること
- 送り仮名に注意して正しく書けること（食べる、楽しい、後ろ　など）
- 対義語の大体を理解していること（勝つ―負ける、重い―軽い　など）
- 同音異字を理解していること（反対、体育、期待、太陽　など）

《筆順》　筆順、総画数を正しく理解している。

《部首》　主な部首を理解している。

7級

程度　小学校第4学年までの学習漢字を理解し、文章の中で正しく使える。

領域・内容

《読むことと書くこと》　小学校学年別漢字配当表の第4学年までの学習漢字を読み、書くことができる。

- 音読みと訓読みとを正しく理解していること
- 送り仮名に注意して正しく書けること（等しい、短い、流れる　など）
- 熟語の構成を知っていること
- 対義語の大体を理解していること（入学―卒業、成功―失敗　など）
- 同音異字を理解していること（健康、高校、公共、外交　など）

《筆順》　筆順、総画数を正しく理解している。

《部首》　部首を理解している。

6級

程度　小学校第5学年までの学習漢字を理解し、文章の中で漢字が果たしている役割を知り、正しく使える。

領域・内容

《読むことと書くこと》　小学校学年別漢字配当表の第5学年までの学習漢字を読み、書くことができる。

・音読みと訓読みとを正しく理解していること
・送り仮名や仮名遣いに注意して正しく書けること（求める、失う　など）
・熟語の構成を知っていること（上下、絵画、大木、読書、不明　など）
・対義語、類義語の大体を理解していること（禁止―許可、平等―均等　など）
・同音・同訓異字を正しく理解していること

《筆順》　筆順、総画数を正しく理解している。

《部首》　部首を理解している。

5級

程度　小学校第6学年までの学習漢字を理解し、文章の中で漢字が果たしている役割に対する知識を身に付け、漢字を文章の中で適切に使える。

領域・内容

《読むことと書くこと》　小学校学年別漢字配当表の第6学年までの学習漢字を読み、書くことができる。

・音読みと訓読みとを正しく理解していること
・送り仮名や仮名遣いに注意して正しく書けること
・熟語の構成を知っていること
・対義語、類義語を正しく理解していること
・同音・同訓異字を正しく理解していること

《四字熟語》　四字熟語を正しく理解している（有名無実、郷土芸能　など）。

《筆順》　筆順、総画数を正しく理解している。

《部首》　部首を理解し、識別できる。

4級

程度　常用漢字のうち約１３００字を理解し、文章の中で適切に使える。

領域・内容

《読むことと書くこと》　小学校学年別漢字配当表のすべての漢字と、その他の常用漢字約３００字の読み書きを習得し、文章の中で適切に使える。

・音読みと訓読みとを正しく理解していること
・送り仮名や仮名遣いに注意して正しく書けること
・熟語の構成を正しく理解していること
・熟字訓、当て字を理解していること（小豆／あずき、土産／みやげ　など）
・対義語、類義語、同音・同訓異字を正しく理解していること

《四字熟語》　四字熟語を理解している。

《部首》　部首を識別し、漢字の構成と意味を理解している。

3級

程度　常用漢字のうち約１６００字を理解し、文章の中で適切に使える。

領域・内容

《読むことと書くこと》　小学校学年別漢字配当表のすべての漢字と、その他の常用漢字約６００字の読み書きを習得し、文章の中で適切に使える。

・音読みと訓読みとを正しく理解していること
・送り仮名や仮名遣いに注意して正しく書けること
・熟語の構成を正しく理解していること
・熟字訓、当て字を理解していること（乙女／おとめ、風邪／かぜ　など）
・対義語、類義語、同音・同訓異字を正しく理解していること

《四字熟語》　四字熟語を理解している。

《部首》　部首を識別し、漢字の構成と意味を理解している。

※常用漢字とは、平成22年（2010年）11月30日付内閣告示による「常用漢字表」に示された2136字をいう。

準2級

程度　常用漢字のうち1951字を理解し、文章の中で適切に使える。

領域・内容

《読むことと書くこと》　1951字の漢字の読み書きを習得し、文章の中で適切に使える。

- 音読みと訓読みとを正しく理解していること
- 送り仮名や仮名遣いに注意して正しく書けること
- 熟語の構成を正しく理解していること
- 熟字訓、当て字を理解していること（硫黄／いおう、相撲／すもう　など）
- 対義語、類義語、同音・同訓異字を正しく理解していること

《四字熟語》　典拠のある四字熟語を理解している（驚天動地、孤立無援　など）。

《部首》　部首を識別し、漢字の構成と意味を理解している。

※1951字とは、昭和56年（1981年）10月1日付内閣告示による旧「常用漢字表」の1945字から「勺」「錘」「銑」「脹」「匁」の5字を除いたものに、現行の「常用漢字表」のうち、「茨」「媛」「岡」「熊」「埼」「鹿」「栃」「奈」「梨」「阪」「阜」の11字を加えたものを指す。

2級

程度　すべての常用漢字を理解し、文章の中で適切に使える。

領域・内容

《読むことと書くこと》　すべての常用漢字の読み書きに習熟し、文章の中で適切に使える。

- 音読みと訓読みとを正しく理解していること
- 送り仮名や仮名遣いに注意して正しく書けること
- 熟語の構成を正しく理解していること
- 熟字訓、当て字を理解していること（海女／あま、玄人／くろうと　など）
- 対義語、類義語、同音・同訓異字などを正しく理解していること

《四字熟語》　典拠のある四字熟語を理解している（鶏口牛後、呉越同舟　など）。

《部首》　部首を識別し、漢字の構成と意味を理解している。

準1級

程度　常用漢字を含めて、約3000字の漢字の音・訓を理解し、文章の中で適切に使える。

領域・内容

《読むことと書くこと》　常用漢字の音・訓を含めて、約3000字の漢字の読み書きに慣れ、文章の中で適切に使える。

- 熟字訓、当て字を理解していること
- 対義語、類義語、同音・同訓異字などを理解していること
- 国字を理解していること（峠、凧、畠　など）
- 複数の漢字表記について理解していること（國―国、交叉―交差　など）

《四字熟語・故事・諺》　典拠のある四字熟語、故事成語・諺を正しく理解している。

《古典的文章》　古典的文章の中での漢字・漢語を理解している。

※約3000字の漢字は、JIS第一水準を目安とする。

1級

程度　常用漢字を含めて、約6000字の漢字の音・訓を理解し、文章の中で適切に使える。

領域・内容

《読むことと書くこと》　常用漢字の音・訓を含めて、約6000字の漢字の読み書きに慣れ、文章の中で適切に使える。

- 熟字訓、当て字を理解していること
- 対義語、類義語、同音・同訓異字などを理解していること
- 国字を理解していること（怺える、毟る　など）
- 地名・国名などの漢字表記（当て字の一種）を知っていること
- 複数の漢字表記について理解していること（鹽―塩、颱風―台風　など）

《四字熟語・故事・諺》　典拠のある四字熟語、故事成語・諺を正しく理解している。

《古典的文章》　古典的文章の中での漢字・漢語を理解している。

※約6000字の漢字は、JIS第一・第二水準を目安とする。

※常用漢字とは、平成22年（2010年）11月30日付内閣告示による「常用漢字表」に示された2136字をいう。

個人受検の申し込みについて　申し込みから合否の通知まで

1 受検級を決める

受検資格　制限はありません

実施級　1、準1、2、準2、3、4、5、6、7、8、9、10級

検定会場　全国主要都市約170か所に設置
（実施地区は検定の回ごとに決定）

2 検定に申し込む

インターネットにてお申し込みください。

ホームページ https://www.kanken.or.jp/ からお申し込みができます（クレジットカード決済、コンビニ決済が可能です）。

下記の二次元コードから日本漢字能力検定協会ホームページへ簡単にアクセスできます。

※申込方法など、変更になることがございます。最新の情報はホームページをご確認ください。

注意

①家族・友人と同じ会場での受検を希望する方は、検定料のお支払い完了後、申込締切日の2営業日後までに協会（お問い合わせフォーム）までお知らせください。

②障がいがあるなど、身体的・精神的な理由により、受検上の配慮を希望される方は、申込締切日までに協会（お問い合わせフォーム）までご相談ください（申込締切日以降のお申し出には対応できかねます）。

③検定料を支払われた後は、受検級・受検地を含む内容変更および取り消し・返金は、いかなる場合もできません。また、次回以降の振り替え、団体受検や漢検CBTへの変更もできません。

3 受検票が届く

受検票は検定日の約1週間前にお届けします。4日前になっても届かない場合、協会までお問い合わせください。

お問い合わせ窓口

電話番号　フリーコール **0120-509-315**（無料）
（海外からはご利用いただけません。ホームページよりメールでお問い合わせください。）

お問い合わせ時間　月～金　9時00分～17時00分
（祝日・お盆・年末年始を除く）
※検定日とその前日の土、日は開設
※検定日は9時00分～18時00分

メールフォーム　https://www.kanken.or.jp/kanken/contact/

4 検定日当日

検定時間

2級	：10時00分～11時00分（60分間）
準2級	：11時50分～12時50分（60分間）
8・9・10級	：11時50分～12時30分（40分間）
1・3・5・7級	：13時40分～14時40分（60分間）
準1・4・6級	：15時30分～16時30分（60分間）

持ち物　受検票、鉛筆（HB、B、2Bの鉛筆またはシャープペンシル）、消しゴム
※ボールペン、万年筆などの使用は認められません。ルーペ持ち込み可。

注意

①会場への車での来場（送迎を含む）は、周辺の迷惑になりますのでご遠慮ください。
②検定開始時刻の15分前を目安に受検教室までお越しください。答案用紙の記入方法などを説明します。
③携帯電話やゲーム、電子辞書などは、電源を切り、かばんにしまってから入場してください。
④検定中は受検票を机の上に置いてください。
⑤答案用紙には、あらかじめ名前や生年月日などが印字されています。
⑥検定日の約5日後に漢検ホームページにて標準解答を公開します。

5 合否の通知

検定日の約40日後に、受検者全員に「検定結果通知」を郵送します。合格者には「合格証書」・「合格証明書」を同封します。欠席者には検定問題と標準解答をお送りします。
受検票は検定結果が届くまで大切に保管してください。

注目

進学・就職に有利！合格者全員に合格証明書発行

大学・短大の推薦入試の提出書類に、また就職の際の履歴書に添付してあなたの漢字能力をアピールしてください。合格者全員に、合格証書と共に合格証明書を2枚、無償でお届けいたします。

合格証明書が追加で必要な場合は有償で再発行できます。

次の❶～❹を同封して、協会までお送りください。約1週間後、お手元にお届けします。

❶合格証明書再発行申請書（漢検ホームページよりダウンロード可能）もしくは氏名・住所・電話番号・生年月日、および受検年月日・受検級を明記したもの
❷本人確認資料（学生証、運転免許証、健康保険証など）のコピー
❸住所・氏名を表に明記し切手を貼《は》った返信用封筒
❹証明書1枚につき発行手数料として500円の定額小為替

団体受検の申し込み

学校や企業などで志願者が一定以上まとまると、団体申込ができ、自分の学校や企業内で受検できる制度もあります。団体申込を扱っているかどうかは先生や人事関係の担当者に確認してください。

「漢検」受検の際の注意点

【字の書き方】

問題の答えは楷書で大きくはっきり書きなさい。乱雑な字や続け字、また、行書体や草書体のようにくずした字は採点の対象とはしません。

特に漢字の書き取り問題では、答えの文字は教科書体をもとにして、はねるところ、とめるところなどもはっきり書きましょう。また、画数に注意して、一画一画を正しく、明確に書きなさい。

《例》

○熱　×熱

○言　×言

○糸　×糸

公益財団法人 日本漢字能力検定協会

漢検

漢検 過去問題集

準1級

漢検 公益財団法人 日本漢字能力検定協会

●本書に関するアンケート●

今後の出版事業に役立てたいと思いますので、アンケートにご協力ください。抽選で粗品をお送りします。

◆PC・スマートフォンの場合

下記 URL、または二次元コードから回答画面に進み、画面の指示に従ってお答えください。

https://www.kanken.or.jp/kanken/textbook/past.html

◆愛読者カード（ハガキ）の場合

本書挟み込みのハガキに切手を貼り、お送りください。

目次

この本の構成と使い方

この本は、2021・2022年度に実施した日本漢字能力検定（漢検）準1級の試験問題と、その標準解答を収録したものです。さらに、受検のためのQ＆A、答案用紙の実物大見本、合格者平均得点など、受検にあたって知っておきたい情報を収めました。

□「漢検」受検 Q＆A

検定当日の注意事項や、実際の答案記入にあたって注意していただきたいことをまとめました。

□試験問題（6回分）

2021・2022年度に実施した試験問題を6回分収録しました。

問題1回分は見開きで4ページです。

準1級は200点満点、検定時間は60分です。時間配分に注意しながら、合格のめやすである80％程度正解を目標として取り組んでください。

□資料　字体について

「表外漢字字体表」より抜粋しました。解答の際の参考としてご覧ください。

試験問題・標準解答は段ごとに右ページから左ページへ続けてご覧ください。

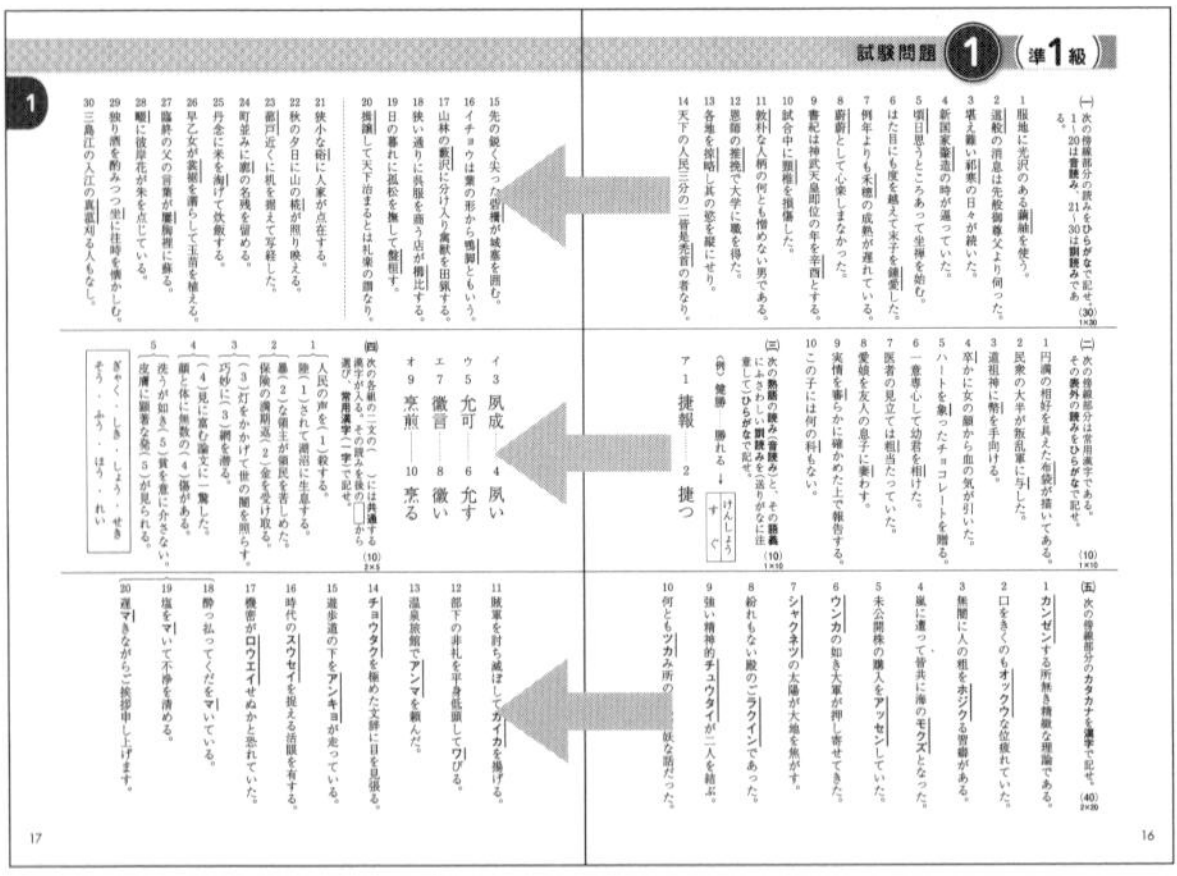

□答案用紙実物大見本

巻末には、検定で使う実物とほぼ同じ大きさ・用紙の答案用紙を収録。実際の解答形式に慣れることができます。問題は不許複製ですが、答案用紙実物大見本はコピーをしてお使いください。

また、日本漢字能力検定協会ホームページからもダウンロードできます。

https://www.kanken.or.jp/kanken/textbook/past.html

□別冊・標準解答

各問題の標準解答は、別冊にまとめました。1回分は見開きで2ページです。

また、試験問題**1**～**5**の解答には、(一)(二)(三)……の大問ごとに合格者平均得点をつけました。難易のめやすとしてお役立てください。

□データでみる「漢検」

「漢検」受検者の年齢層別割合・設問項目別正答率を掲載しました。

●巻頭―カラー口絵

主な出題内容、採点基準、および審査基準などを掲載。

●付録―1級の試験問題・答案用紙・標準解答

1級の試験問題・答案用紙1回分を、準1級の試験問題の後に収録（標準解答は別冊に収録）。

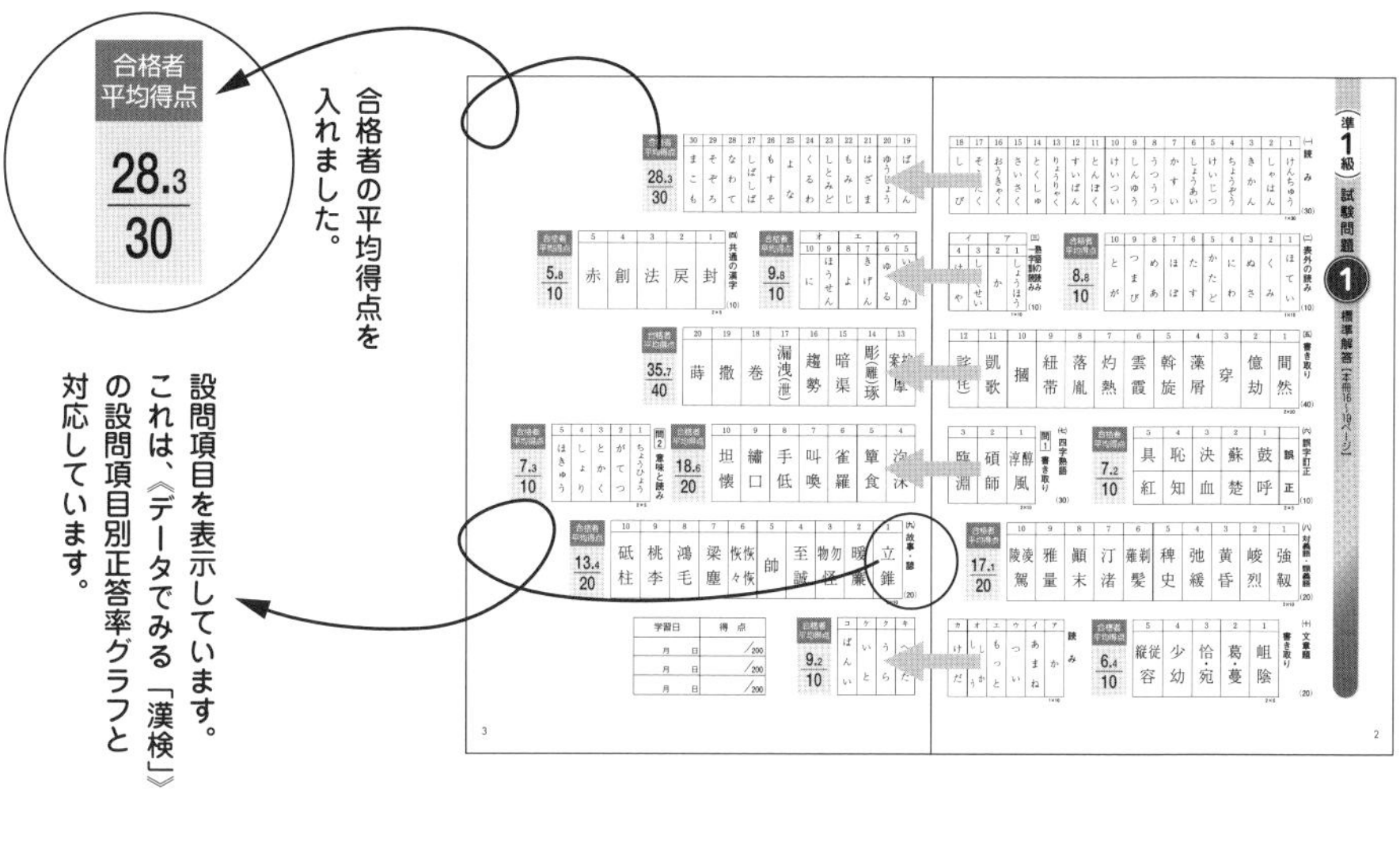

合格者の平均得点を入れました。

設問項目を表示しています。これは、《データでみる「漢検」》の設問項目別正答率グラフと対応しています。

「漢検」受検 Q&A

●検定当日について

Q 検定当日の持ち物は？

A 受検票（写真の貼付が必要です）、鉛筆またはシャープペンシル（HB・B・2B）、消しゴムを必ず持参してください。ボールペンや万年筆、こすって消せるペン（摩擦熱で無色になる特殊なインクを使ったペン）などの使用は認められません。

印刷されている文字が小さくて見えにくい方は、ルーペ（拡大鏡）を使ってもかまいません。また、時間の確認のため、腕時計を持参してもかまいません。ただし、携帯電話を時計代わりに使うことはできません。

Q 会場への集合時刻は？

A 準1級の検定開始時刻は、15時30分です。検定開始時刻の10分前から、受検上の注意説明を行いますので、検定開始の15分前には入室し、着席してください。

なお、入室・着席後は、受検票・筆記用具・腕時計以外は机上に出せません。

Q その他に注意することは?

A 検定会場内で携帯電話やその他電子機器を使用すると、不正行為とみなされ失格となります。電源を切って、かばんなどにしまってから入室しましょう。

検定開始後、30分を過ぎると入室できません。できるだけ遅刻はしないよう時間に余裕をもってでかけましょう。

なお、検定会場・集合時刻、その他詳しい注意事項は、受検票に記載しています(受検票は検定日の約1週間前に届きます)。よく読んで、間違いのないようにしてください。

●答案について

Q 解答方法で注意することは?

A 問題文をよく読んで答えましょう。答える部分や答え方など、問題文に指定がある場合は、必ずそれに従って答えてください。問題文の指定に合っていない答えは不正解とします。

特に、次に示す点に注意してください。

①「常用漢字で記せ」と指定があれば「常用漢字」で答える

例 問題 次の各組の二文の( )には**共通**する漢字が入る。その読みを後の□から選び、**常用漢字**(**一字**)で記せ。

{複数の裁判所に( )属する事件だ。
{( )累のない自由な身になる。

けい・こう・しゅう・そう

解答例 係……○
繫……×　※「繫」は表外漢字

②読み問題で、「音読み」「訓読み」の指定があれば、その指定どおりに答える

例　問題　次の傍線部分の読みを**ひらがな**で記せ。1～20は**音読み**、21～30は**訓読み**である。

17　転倒して肋骨にひびが入った。

解答例　ろっこつ……○

あばらぼね……×

※「あばら」も「ぼね（ほね）」も訓読み

③「国字で記せ」と指定があれば「国字」で答える

例　問題　次の傍線部分の**カタカナ**を**国字**で記せ。

庭の**トチ**の実が大きくなった。

解答例　栃……○

橡……×

※「橡」は国字ではない

Q 答えをひらがなで書く際に注意することは？

A 漢字を書くときと同様に、はっきりと丁寧に書いてください。

特に、次に示す点に注意してください。

①バランスがくずれると区別がつきにくくなる字は、区別がつくように、丁寧に書く

例　い／り　か／や　く／し

て／へ　ゆ／わ　い／こ

②拗音《ようおん》「ゃ」「ゅ」「ょ」や促音「っ」は小さく右に寄せて書く

例　いしゃ…○　いしや…×

がっこう…○　がつこう…×

③濁点「゛」や半濁点「゜」をはっきり書く

例　ず…○　す…×　ず…×

ぱ…○　は…×　ぱ…×

Q 1・準1級の検定で、歴史的仮名遣いを用いて答えてもよいか?

A 解答には現代仮名遣いを用いてください。歴史的仮名遣いを用いた解答は不正解とします。

例 問題 次の傍線部分の読みを**ひらがな**で記せ。

義務を抛擲する。

解答例 ほうてき……○

はうてき……×

※「はうてき」は歴史的仮名遣い

Q 答えを漢字で書く際に注意することは?

A 漢字は、楷書で丁寧に、解答欄内に大きくはっきりと書いてください。くずした字や乱雑な字は採点の対象になりません。

特に、次に示す点に注意してください。

---

①字の骨組みを正しく書く

例 碌……○ 碌……× 疏……○ 疏……×

蟎……○ 蟎……×

②突き出るところ、突き出ないところを正しく書く

例 繡……○ 繡……× 甫……○ 甫……×

夷……○ 夷……×

③字の組み立てを正しく書く

例 渠……○ 渠……× 窪……○ 窪……×

筏……○ 筏……×

④一画ずつ丁寧に書く

例 佑……○ 佑……× 嘔……○ 嘔……×

辻……○ 辻……×

⑤よく似た別の字(または字の一部分)と区別がつくように書く

例 劫/却 干/于/千

Q 次の例ではどちらが正しい書き方か？

①
言「言」か「言」か
条「条」か「条」か
令「令」か「令」か

A

どちらの書き方でも正解とします。

こうした違いについては、「常用漢字表」の「（付）字体についての解説」に、「印刷文字と手書き文字におけるそれぞれの習慣の相違に基づく表現の差と見るべきもの」として例示されており、字体としては同じ（どちらで書いてもよい）とされています。

②
溢「溢」か「溢」か
猜「猜」か「猜」か
祇「祇」か「祇」か

どちらの書き方でも正解とします。

これらのように、印刷文字と手書き文字におけるそれぞれの習慣の相違に基づく表現の差が、字体（文字の骨組み）の違いに及ぶ場合もあります。詳しくは、本書掲載の「印刷文字字形（明朝体字形）と筆写の楷書字形との関係」（本書53ページ）をご覧ください。

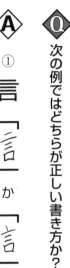

Q 「比」「衣」「越」などは「ㇾ」と書くのか「し」と書くのか？

A 「比」「衣」「越」などの「ㇾ」の部分は、活字のデザインにおいて、一画で書く「し」の折れを強調したものです。

検定では、次に示す例のように、「し」と一画で書いてください。

例 衣　越　仰　氏　比　留　良
麓　攘　狼　祇　滾　褻　鉞

Q 1・準1級の書き取りの場合、「3画くさかんむり／4画くさかんむり」「1点しんにょう／2点しんにょう」のどちらを書けばよいか？

A 問題文に特に指定がなければ、1・準1級の書き取りでは、「くさかんむり」は「艹（3画くさかんむり）」「艹・艹（4画くさかんむり）」のどちらを書いても正解とします。

また「しんにょう・しんにゅう」についても、「辶（1点しんにょう）」「辶（2点しんにょう）」のどちらを書いても正解とします。

Q 1・準1級の検定で、旧字体を用いて答えてもよいか？

A 問題文に特に指定がなければ、新字体・旧字体いずれを用いてもかまいません。指定がある場合は、それに従って答えてください。

例 問題 次の傍線部分の**カタカナ**を**漢字**で記せ。

仏前に**ハイキ**して一心に念ずる。

解答例 拝跪……○

拜跪……○

※「拜」は旧字体

Q 「人人」「平平凡凡」「興味津津」のように同じ漢字が続く語句は、「々」を使って書いてもよいか？

A 「々」は同字の反復を示す符号で、「踊り字」といいます。検定の解答で使ってもかまいません。

ただし、複合語の中では注意が必要です。

・一語の中での漢字一字の繰り返し…

「々」でも○

例 日々 代々 多士済々 子々孫々

・複合語での漢字の続き…「々」を使うと×

例 学生々活…×

学生生活…○

Q 標準解答の見方は？

A

例

匙・匕

「匙」「匕」どちらでも正解とします。

天佑 祐

「天佑」「天祐」どちらでも正解とします。

凄(悽 凄)絶

「凄絶」「悽絶」「凄絶」どれでも正解とします。

準1級では、右の例のように、( )で示した標準解答があります。( )内の字は1級配当漢字です。準1級の解答では、1級配当漢字で答えてもかまいません。

Q 標準解答に、複数の答えが示されている場合、そのすべてを答えないと正解にならないのか？

A 標準解答に、複数の答えが示されている場合、そのうちどれか一つが正しく書けていれば正解とします。すべてを書く必要はありません。

なお、答えを複数書いた場合、その中の一つでも間違っていれば不正解とします。注意してください。

例

問題 次の傍線部分の**カタカナ**を**漢字**で記せ。
同じ穴のムジナ。

標準解答 狢・貉

解答例
狢 ……〇
貉 ……〇
狢・貉 ……〇
狢・貂 ……×

	試験問題	学習日	得　点
1周目	1	月　日	点
	2	月　日	点
	3	月　日	点
	4	月　日	点
	5	月　日	点
	6	月　日	点
2周目	1	月　日	点
	2	月　日	点
	3	月　日	点
	4	月　日	点
	5	月　日	点
	6	月　日	点

(準1級) 試験問題

(一) 次の傍線部分の読みをひらがなで記せ。1~20は音読み、21~30は訓読みである。 (30) 1×30

1 服地に光沢のある繭紬を使う。
2 這般の消息は先般御尊父より伺った。
3 堪え難い祁寒の日々が続いた。
4 新国家肇造の時が逼っていた。
5 頃日思うところあって坐禅を始む。
6 はた目にも度を越えて末子を鍾愛した。
7 例年よりも禾穂の成熟が遅れている。
8 蔚蔚として心楽しまなかった。
9 書紀は神武天皇即位の年を辛酉とする。
10 試合中に頸椎を損傷した。
11 敦朴な人柄の何とも憎めない男である。
12 恩師の推挽で大学に職を得た。
13 各地を掠略し其の慾を縦にせり。
14 天下の人民三分の二皆是禿首の者なり。

(二) 次の傍線部分は常用漢字である。その表外の読みをひらがなで記せ。 (10) 1×10

1 円満の相好を具えた布袋が描いてある。
2 民衆の大半が叛乱軍に与した。
3 道祖神に幣を手向ける。
4 卒かに女の顔から血の気が引いた。
5 ハートを象ったチョコレートを贈る。
6 一意専心して幼君を相けた。
7 医者の見立ては粗当たっていた。
8 愛娘を友人の息子に妻わす。
9 実情を審らかに確かめた上で報告する。
10 この子には何の科もない。

(三) 次の熟語の読み(音読み)と、その語義にふさわしい訓読みを(送りがなに注意して)ひらがなで記せ。 (10) 1×10

〈例〉 健勝……勝れる → けんしょう / すぐ

ア 1 捷報……2 捷つ

(五) 次の傍線部分のカタカナを漢字で記せ。 (40) 2×20

1 カンゼンする所無き精緻な理論である。
2 口をきくのもオックウな位疲れていた。
3 無闇に人の粗をホジクる習癖がある。
4 嵐に遭って皆共に海のモクズとなった。
5 未公開株の購入をアッセンしていた。
6 ウンカの如き大軍が押し寄せてきた。
7 シャクネツの太陽が大地を焦がす。
8 紛れもない殿のごラクインであった。
9 強い精神的チュウタイが二人を結ぶ。
10 何ともツカみ所のない面妖な話だった。

15 先の鋭く尖った砦柵が城塞を囲む。
16 イチョウは葉の形から鴨脚ともいう。
17 山林の藪沢に分け入り禽獣を田猟する。
18 狭い通りに呉服を商う店が櫛比する。
19 日の暮れに孤松を撫して盤桓す。
20 揖譲して天下治まるとは礼楽の謂なり。

21 狭小な硲に人家が点在する。
22 秋の夕日に山の椛が照り映える。
23 蔀戸近くに机を据えて写経した。
24 町並みに廓の名残を留める。
25 丹念に米を淘げて炊飯する。
26 早乙女が裳裾を濡らして玉苗を植える。
27 臨終の父の言葉が屢胸裡に蘇る。
28 畷に彼岸花が朱を点じている。
29 独り酒を酌みつつ坐に往時を懐かしむ。
30 三島江の入江の真菰刈る人もなし。

イ 3 夙成……4 夙い
ウ 5 允可……6 允す
エ 7 徽言……8 徽い
オ 9 烹煎……10 烹る

(四) 次の各組の二文の（　）には**共通**する漢字が入る。その読みを後の□から選び、**常用漢字（一字）**で記せ。 (10) 2×5

1
人民の声を（1）殺する。
陸（1）されて湖沼に生息する。

2
暴（2）な領主が領民を苦しめた。
保険の満期返（2）金を受け取る。

3
（3）灯をかかげて世の闇を照らす。
巧妙に（3）網を潜る。

4
（4）見に富む論文に一驚した。
顔と体に無数の（4）傷がある。

5
洗うが如き（5）貧を意に介さない。
皮膚に顕著な発（5）が見られる。

ぎゃく・しき・しょう・せき そう・ふう・ほう・れい

---

11 賊軍を討ち滅ぼして**ガイカ**を揚げる。
12 部下の非礼を平身低頭して**ワ**びる。
13 温泉旅館で**アンマ**を頼んだ。
14 **チョウタク**を極めた文辞に目を見張る。
15 遊歩道の下を**アンキョ**が走っている。
16 時代の**スウセイ**を捉える活眼を有する。
17 機密が**ロウエイ**せぬかと恐れていた。

18 酔っ払ってくだを**マ**いている。
19 塩を**マ**いて不浄を清める。
20 遅**マ**きながらご挨拶申し上げます。

（六）次の各文にまちがって使われている**同じ音訓の漢字が一字**ある。**上に誤字**を、**下に正しい漢字**を記せ。 (10) 2×5

1 漸く尾根の灌木帯を抜けると雨露風雪に曝された山頂を指鼓の間に見る。

2 古寺の庭の萩や桔梗の清蘇で可憐な孟秋の花が参詣人の目を娯しませる。

3 八方塞がりの経営に陥り、起死回生の決路を開かねば破綻は必至だった。

4 辱恥の間柄であった和尚が墨痕鮮やかに認めた書を常日頃賞翫している。

5 都の夜を具蓮の炎が染めて千年の昔に建立された壮麗な巨刹が焼亡する。

（七）次の**問1**と**問2**の四字熟語について答えよ。 (30)

問1 次の四字熟語の（1～10）に入る適切な語を後の□から選び**漢字二字**で記せ。 (20) 2×10

（1）美俗　　門前（6）

（2）名人　　阿鼻（7）

（八）次の1～5の**対義語**、6～10の**類義語**を後の□の中から選び、**漢字**で記せ。
□の中の語は一度だけ使うこと。 (20) 2×10

対義語

1 脆弱
2 寛大
3 昧旦
4 硬直
5 正史

類義語

6 落飾
7 水際
8 経緯
9 襟度
10 優越

がりょう・きょうじん・こうこん
しかん・しゅんれつ・ていしょ
ていはつ・てんまつ・はいし
りょうが

（十）文章中の傍線（1～5）の**カタカナ**を**漢字**に直し、波線（ア～コ）の**漢字の読み**を**ひらがな**で記せ。 (20) 2×5 1×10

A 安成久太夫という武士あり。或る夜山に入りけるに、月の光も薄く、木立も奥暗き[1]**ソバカゲ**より、何とも知らぬ者駆け出で、久太夫が連れたる犬を追い掛け、遥かの谷に追い落として、傍らなる巌窟にかけ入りたり。久太夫、若党に命じてかの者を探り求めしむ。若党人のたけばかりなる猿の如きものなり。若党引き出さんとするに、力強く爪尖りて、若党の手を[ア]掻き破りけるを、漸くに引き出したり。[2]**カズラ**を用いて之を縛り、村里へ引き出し、之を見るに、髪長く膝に垂れ、面相全く女に似て、その荒れたること絵にかける夜叉の如し。[イ]遍く里人に尋ぬれども、仔細を知る者無し。七十余の老農ありて言うには、昔此の村に産婦あり。俄かに狂気して駆け出でけるが、鷲峰山《しゅうぶせん》に入りたり。親族尋ね求むと雖《いえど》も、[ウ]終に遇うこと無しと言い伝えたり。もしは此の者にてもあらんかと也。

（柳田国男「山の人生」より）

（3）羨魚　　眼高（8）
（4）夢幻　　錦心（9）
（5）瓢飲　　虚心（10）

きょうかん・じゃくら・しゅうこう
しゅてい・じゅんぷう・せきし
たんかい・たんし・ほうまつ
りんえん

問2 次の1～5の**解説・意味**にあてはまる四字熟語を後の□から選び、その**傍線部分だけの読み**を**ひらがな**で記せ。（10）2×5

1 労して功無きを謂う。
2 良吏の留任を願う。
3 実体を有たぬ物。
4 亡国の嘆き。
5 仁政の渥恩に浴する。

鋳山煮海・兎角亀毛・刑鞭蒲朽
菟糸燕麦・凋氷画脂・麟鳳亀竜
侯覇臥轍・麦秀黍離

（九） 次の故事・成語・諺の**カタカナ**の部分を**漢字**で記せ。（20）2×10

1 **リッスイ**の地無し。
2 **ノレン**に腕押し。
3 **モッケ**の幸い。
4 **シセイ**天に通ず。
5 三軍も**スイ**を奪うべきなり、匹夫も志を奪うべからざるなり。
6 天網**カイカイ**疎にして失わず。
7 声**リョウジン**を動かす。
8 死は或いは泰山より重く、或いは**コウモウ**より軽し。
9 **トウリ**もの言わざれども下自ら蹊《けい》を成す。
10 中流の**シチュウ**。

B 化学に於いて親和力と称する者あり。亦引力なり。但《ただ》物質に因りて尤[エ]も相親しむ者と否《しか》らざる者とあるのみ。又電気は其の積極と消極と相引き、積々相排し、消々相拒み、3**アタカ**も有情なる者の如く爾《しか》り、而[オ]して有情の動物は当然此の性を有す。乃ち雌雄相愛し、雄々相嚙み、雌々相忌む。人に於いても亦然り。蓋[カ]し動物遺伝の性なり。但此の性の自然に任すれば、禽獣と相距[キ]たる遠からざる憾[ク]みあり。是儒に仁義五常、仏に十善十悪、耶蘇に愛の教えあり、人徳を養う所以なり。蓋し愛は即ち仁にして徳の源なり。又一切動物4**ショウヨウ**は愛すべく、老残は厭[ケ]うべし。故に禽獣其の雛子を愛する情甚だ切なるも、長ずるに及びて母子相忘れ、老残は或いは咬《か》みて之を殺す。人と雖《いえど》も未開の蛮夷[コ]は、衰老用に堪えざる者を殺すを以て習慣とする者あり。老者も亦之に安んじ、5**ショウヨウ**として死に就くと云えり。

（津田真道「唯物論」より）

▼解答は別冊2・3ページ

㈠ 次の傍線部分の読みを**ひらがな**で記せ。1〜20は**音読み**、21〜30は**訓読み**である。 (30) 1×30

1 錫を飛ばして諸国を遍歴する。
2 嵐翠の峡谷に道を失った。
3 予《われ》未だ嘗て此くの若き宕子を見ず。
4 没義道な仕打ちが人の恨みを買う。
5 文武の官、功状謬外多し。
6 既成観念の繋縛を断ち切ろうとした。
7 栗烈たる寒気の中《うち》に一人たたずめり。
8 評判の花娘と浮き名を流す。
9 貞観十一年己丑陸奥国に大地震起く。
10 窓辺に古風な洋灯が懸吊してある。
11 種牡馬として後半生を送った。
12 五十有余年斯道に打ち込んできた。
13 厳酷な鞠訊が待ち受けていた。
14 無量光明土に至り得ることを欣求する。

㈡ 次の傍線部分は常用漢字である。その**表外の読み**を**ひらがな**で記せ。 (10) 1×10

1 見事な英が長く垂れている。
2 相手の察しの悪さに焦れる。
3 幾わくは神の御加護の有らんことを。
4 日が落ち叢に集く虫の音が高まる。
5 猛火を潜って脱出した。
6 令兄の御交誼を辱くした。
7 昭和の昔が漫ろに偲ばれる。
8 我らの与り知らぬことである。
9 兄の如くに敬い事える。
10 学生諸君の良識に須つ。

㈢ 次の**熟語**の**読み**（**音読み**）と、その**語義**にふさわしい**訓読み**を（送りがなに注意して）**ひらがな**で記せ。 (10) 1×10

〈例〉 健勝……勝れる → けんしょう / すぐ

ア 1 俊慧……2 俊れる

㈤ 次の傍線部分の**カタカナ**を**漢字**で記せ。 (40) 2×20

1 **ケイセン**が引かれたノートを使う。
2 絶讃されて**イササ**か照れ臭かった。
3 一流料亭の板前をして**ハク**がついた。
4 事故に巻き込まれ**ヒンシ**の重傷を負う。
5 **オオゲサ**にならぬよう内輪で祝う。
6 反政府運動の**シュカイ**を検束する。
7 反対派の**キュウセンポウ**と目される。
8 満天下に勇名を**トドロ**かした。
9 国交断絶を**ツウチョウ**する。
10 新商売が当たり**ウケ**に入っている。

15 深更に至って漸く碓声が絶えた。

16 遠からず貰赦せらるるを得ん。

17 強い厩肥の臭いが辺りに漂う。

18 勇を鼓して迅瀬を徒渉せり。

19 着任して日浅く竈突未だ黔《くろ》まず。

20 己の樗散たることをいたく恥じている。

21 樫のステッキを愛用している。

22 池畔で鴫の群れの到来を待つ。

23 雨を冒して韮を剪《き》る。

24 御簾のそばをいささか引き上げて見る。

25 蔦葛の生い茂る薮を漕いで進んだ。

26 川面に浮かぶ花筏が流れ過ぎる。

27 艮の方角から気味の悪い風が吹く。

28 もはや矩をこえることはなかった。

29 素以て絢を為す。

30 世に叛いて釈門に入る。

イ 3 欽若……4 欽む

ウ 5 堰堤……6 堰く

エ 7 奄有……8 奄う

オ 9 忽略……10 忽せ

(四) 次の各組の二文の（　）には**共通**する漢字が入る。その読みを後の□から選び、**常用漢字（一字）**で記せ。 (10) 2×5

1
- 茶の湯の（1）祖と仰がれる。
- 得意そうに（1）翼をふくらます。

2
- 銘々に（2）少ならざる功績があった。
- 古来政の要訣を烹（2）にたとえる。

3
- （3）蛇として続く坂道を辿る。
- （3）曲を尽くして事情を説明する。

4
- 異郷に（4）寓する我が身を託つ。
- 日本舞踊の本（4）を修める。

5
- ご芳（5）を賜り有り難く存じます。
- （5）操の甚だ堅固な政治家であった。

い・か・さ・し
せん・び・めい・りゅう

11 指先で器用にこよりを**ヨ**る。

12 **ガイトウ**の襟を立てて足早に歩いた。

13 実力の劣る選手が**トウタ**されていった。

14 すぐに**メッキ**が剝げて恥を曝した。

15 話の前後が**ドウチャク**している。

16 **オダ**てられてついその気になった。

17 女性蔑視の言に**リュウビ**を逆立てる。

18 **セッコウ**を放って敵の動静を探らせる。

19 **セッコウ**で包帯を固める。

20 決勝で**セッコウ**を繰り返して自滅した。

(六) 次の各文にまちがって使われている**同じ音訓の漢字**が**一字**ある。**上に誤字**を、**下に正しい漢字**を記せ。 (10) 2×5

1 此の秋も馴染みの割烹旅館に逗留し紅葉と山菜、川魚の嘉肴を胆能した。

2 社運を徒して創始した事業が頓挫を来し経営状況が愈逼迫の度を加えた。

3 忽ち風評は伝波して町の誰もがその店を胡散臭げに一瞥して通り過ぎる。

4 戦場の死屍累累たる凄惨な光景に流石剛の者を以て認ずる彼も戦慄した。

5 厳父の薫唐を受け磨穿鉄硯の歳月を経て大成し稀代の碩学と賞揚された。

(七) 次の**問1**と**問2**の四字熟語について答えよ。 (30)

問1 次の四字熟語の(1～10)に入る適切な語を後の□から選び**漢字二字**で記せ。 (20) 2×10

(1)潔飢　　沈魚(6)

(2)定規　　如是(7)

(八) 次の1～5の**対義語**、6～10の**類義語**を後の□の中から選び、**漢字**で記せ。□の中の語は一度だけ使うこと。 (20) 2×10

対義語

1 平明

2 純一

3 通俗

4 追従

5 危惧

類義語

6 黄泉

7 諒恕

8 民草

9 登用

10 萎縮

あんど・かいじゅう・かんげん こうとう・ざっぱく・そうせい ちょうざん・ばってき・めいふ ゆうめん

(十) 文章中の傍線(1～5)の**カタカナ**を**漢字**に直し、波線(ア～コ)の**漢字の読み**を**ひらがな**で記せ。 (20) 2×5 1×10

A 物治は時々別荘へでも来る気で、泊りがけでG村を訪ねた。「閑静でいいなあ。別世界へでも来た気がする。」耕吉は弟が感心するのを、可笑しがった。「兄さんは解らんでしょうが、**ヤリ**(1)繰り算段一方で商売をしてる程苦しいものはないと思いますね。朝から晩まで金の苦労だ。せめて二三千円の金でも残ったら、こうした処へ引っ込んで**リンゴ**(2)畠の世話でもして、糞草鞋《わらじ》を履いて働いてもいいから暢気(ア)に暮らしたいものだと、……僕も余り身体が丈夫でありませんからね。今でも例の肋膜(イ)が、冬になると少しその気が出るんですよ。」

(葛西善蔵「贋物」より)

B 主人は地方の零落した旧家の三男で、学費の半ば以上は自分で都合しなければならなかった。「折角の学問の才を切れ端にして使い散らさないように――」と始終忠告していた父が、主人を養子に引き取って永年苦心の蒐集(ウ)品と、助手の私を主人に譲ったのは道理である。私が主人に連れられて東海道を始

（3）坑儒　柳暗（8）
（4）脚下　神工（9）
（5）露宿　曲学（10）

あせい・かめい・がもん
きふ・しゃくし・しょうこ
ふうさん・ふんしょ・めいせん
らくがん

問2 次の1～5の**解説・意味**にあてはまる四字熟語を後の□から選び、その**傍線部分だけの読み**を**ひらがな**で記せ。（10）2×5

1 出世間の生き方。
2 過ちを巧みに取り繕う。
3 美人もしくは梅の花の形容。
4 多士済済たるさまを言う。
5 ようやく日の目を見る。

落筆点蠅・黄髪番番・珠聯璧合
允文允武・出谷遷喬・尺山寸水
遠塵離垢・氷肌玉骨

（九） 次の故事・成語・諺の**カタカナ**の部分を**漢字**で記せ。（20）2×10

1 **ウユウ**に帰す。
2 大声**リジ**に入らず。
3 魚の**フチュウ**に遊ぶが如し。
4 秋の日は**ツルベ**落とし。
5 昔取った**キネヅカ**。
6 **キカ**居くべし。
7 煩悩あれば**ボダイ**あり。
8 人古今に通ぜざるは馬牛にして**キンキョ**す。
9 **センダン**は双葉より芳し。
10 人生字を識るは**ユウカン**の始め。

めてみたのは結婚の相談が[3]**マト**まって間もない頃である。私たちは静岡駅で夜行汽車を降りた。すぐ駅の俥《くるま》を雇って町中を曳かれて行くと、ほのぼの明けの靄《もや》の中から大きな山葵〔エ〕漬けの看板や鯛でんぶの看板がのそっと額の上に現れて来る。まだ、戸の閉まっている二軒のあべ川餅屋の前を通ると直《す》ぐ川瀬の音に狭霧〔オ〕を立てて安倍川が流れている。

（岡本かの子「東海道五十三次」より）

C 批評の要は切磋《せっさ》に在り批評の要は[4]**タクマ**に在り。西洋の批評家屡〔カ〕其の尖鋭〔キ〕なる毛穎を弄して少壮の著述家をして綿々絶ゆるの期なき怨恨〔ク〕を懐かしむるが如き甚だ酷なるに似たりと雖《いえど》も能く批評家の職分を尽くしたるものと謂い〔ケ〕つ可し〔コ〕。惟んみるに西洋の文学日々に進み能く世の中の進歩に伴うて敢えて後れざる所以のものは批評家其の職分を尽くして怠らず揚ぐ可きを揚げ抑う可きを抑え毫《ごう》も[5]**カシャク**する所なきが為なり。

（高田半峯「当世書生気質の批評」より）

▼解答は別冊4・5ページ

（一） 次の傍線部分の読みを**ひらがな**で記せ。1〜20は**音読み**、21〜30は**訓読み**である。 （30）1×30

1 筏を自在に操り急灘を下る。
2 砥礪の日々はいつ果てるともなかった。
3 稚子針を敲《たた》いて釣鉤を作る。
4 盈満の咎《とが》めある事を牢記する。
5 洒公が出なければけりがつかない。
6 官幣社の禰宜を拝命した。
7 その国老を矜《とうと》びて下野守に遥任す。
8 甜菜が荷馬車に山積みになっている。
9 群臣輯睦して甲兵益多し。
10 岡阜に登って観望を縦にする。
11 儲嗣の誕生を鶴首して待つ。
12 畢生の大作の完成を目前にする。
13 唐朝は戊寅の年に建てられた。
14 湾口に大きな潟湖が形成されている。

（二） 次の傍線部分は常用漢字である。その**表外の読み**を**ひらがな**で記せ。 （10）1×10

1 病がにわかに革まる。
2 殿下に謁える光栄に浴した。
3 何時になく彼女が燥いでいる。
4 故に事を荒立てる真似はしない。
5 略貴女の仰《おっしゃ》るとおりです。
6 その時以来ずっと鬱いでいる。
7 父親が聴すはずもなかった。
8 こんなことで挫ける人ではない。
9 本人に質す必要がある。
10 予予そう思ってはいた。

（三） 次の**熟語の読み**（**音読み**）と、その**語義**にふさわしい**訓読み**を（送りがなに注意して）**ひらがな**で記せ。 （10）1×10

〈例〉 健勝……勝れる → けんしょう / すぐ

ア 1 帥先……2 帥いる

（五） 次の傍線部分の**カタカナ**を**漢字**で記せ。 （40）2×20

1 **ヒシガタ**の校章を襟に着ける。
2 人前ではいつも**オウヨウ**に構えている。
3 **ナジ**みの店で一杯やる。
4 誰にも気兼ねせず**ジママ**に暮らす。
5 支援者に**マンコウ**の謝意を表する。
6 本物と見紛《まが》うばかりの**ガンサク**だった。
7 実によく**シャベ**る少女だ。
8 落ち葉で**アマドイ**が詰まっている。
9 年を重ねるにつれて**ケイカク**が取れた。
10 **サラ**し者にはなりたくない。

15 砥石や硯に頁岩を用いる。
16 天神地祇が赫怒あらんことを怖る。
17 大筆を濡染する、何ぞ淋漓《りんり》たる。
18 月苦《さ》え風凄まじくして砧杵悲し。
19 箭眼を開きて以て城下を伺望す。
20 鼓旗西征して奔湍を上る。

21 苗代にまく種籾を選別して保管する。
22 榊を担いで神輿の先頭に立つ。
23 舟で少し下った辺りが瀞になっていた。
24 家運の昌んなることを祈願する。
25 故に事大いに積めども苑がらず。
26 捌けた人ばかりで気が楽だった。
27 相手をなめて大鰭に出る。
28 手ずから飯匙《いいがい》とりて笥子の器物に盛る。
29 御産の時甑落とすは定まれる事に非ず。
30 坤の町は中宮の御ふる宮なり。

イ 3 遁逸……4 遁れる
ウ 5 匝囲……6 匝る
エ 7 猷念……8 猷る
オ 9 聯亙……10 亙る

(四) 次の各組の二文の（　）には**共通**する漢字が入る。その読みを後の□から選び、**常用漢字（一字）**で記せ。 (10) 2×5

1
桜の咲き匂う京（1）を訪れる。
世の（1）表として畏敬される。

2
（2）意なく語り合った。
両人の間を疎（2）する。

3
秋涼の山野に清（3）する。
欧州数か国に（3）学する。

4
紛れも無く（4）眼の士であった。
雌雄両性を（4）有する。

5
（5）宅まで御足労願いたい。
時（5）を正さんとして筆を執る。

かい・かく・ぐ・し
しょう・へい・ゆう・りゅう

11 二人の求婚者を**テンビン**に掛ける。
12 思いがけず**トウリュウ**の日数を重ねた。
13 参列者は**レイレイ**しく着飾っている。
14 **クツワ**を並べて討ち死にした。
15 街に**ニギ**わいが戻ってきた。
16 処女作を**シ**に上す。
17 訪問先で**シ**を通ずる。
18 英明の**シ**を天から賦与される。
19 仕事に**ウ**んできた。
20 傷口が**ウ**んできた。

(六) 次の各文にまちがって使われている**同じ音訓の漢字**が**一字**ある。**上に誤字**を、**下に正しい漢字**を記せ。 (10) 2×5

1 長身痩軀で碧眼の風才の立派な紳士が流暢な日本語で就任の挨拶をした。

2 罪責を免れんと、姑息な術策を労する鉄面皮の汚職官吏に鉄槌が下った。

3 私淑する史家の著作を耽読するうち、警世の木琢たる己の使命に覚醒した。

4 小生の微衷の程御賢察下さり無礼の段何卒御諒叙賜りたく存じ上げます。

5 皆の憧憬の的の女性に就心し煩悶の日を送ったが所詮高嶺の花と諦めた。

(七) 次の**問1**と**問2**の四字熟語について答えよ。 (30)

問1 次の四字熟語の(1～10)に入る適切な語を後の□から選び**漢字二字**で記せ。 (20) 2×10

(1)瓜田　　暮色(6)

(2)西望　　一顧(7)

(八) 次の1～5の**対義語**、6～10の**類義語**を後の□の中から選び、**漢字**で記せ。□の中の語は一度だけ使うこと。 (20) 2×10

対義語

1 分明
2 進取
3 欣快
4 定住
5 牢固

類義語

6 消長
7 頓着
8 腹心
9 純潔
10 勘所

かいい・かぐう・ここう
しゅうしょう・せいこく
ぜいじゃく・たいえい
むく・もこ・りゅうたい

(十) 文章中の傍線(1～5)の**カタカナを漢字**に直し、波線(ア～コ)の**漢字の読みをひらがな**で記せ。 (20) 2×5 1×10

A 段梯子がギチギチ音がする間もなく**フスマ**[1]が明く。茶盆を片辺へ置いて、頗る[ア]丁寧にお頭儀《じぎ》をした女は宿の娘らしい。霜枯れの静かなこの頃、空も時雨模様で湖水の水はいよいよ落ちついて見える。暫く客というものなかったような宿の淋しさ。娘は茶をついで予《よ》に勧める。年は二十許り[イ]と見えた。**グレン**[2]の花びらを融かし[ウ]て彩色した様に顔が美しい。

（伊藤左千夫「河口湖」より）

B 大和への旅、わけても法隆寺から夢殿、中宮寺界隈[エ]へかけての斑鳩《いかるが》の里の遍歴が、いつしか私の心に飛鳥びとへの思慕をよび起したのである。海岸を思わせる白砂と青松、そのあいだを明瞭に区ぎっている法隆寺の土塀、この整然たる秩序を保った**フウコウ**[3]の裡に、千三百年のいにしえ、新しい信仰をめぐってどのような昏迷[オ]と苦悩と、また法悦が飛鳥びとをとらえたか。私は法隆寺の百済観音や

（3）群吠　　疾風（8）

（4）迎合　　動静（9）

（5）自大　　格物（10）

あふ・うんい・けいせい
そうぜん・ちち・とうき
どとう・やろう・ゆうけん
りか

問2 次の1～5の**解説・意味**にあてはまる四字熟語を後の□から選び、その**傍線部分だけの読み**を**ひらがな**で記せ。 (10) 2×5

1 用済みになった者の末路。

2 在野の峻烈な批判。

3 度し難い怠け者の喩。

4 まごころをつくすこと。

5 一様ならざるものの混在。

参差錯落・朽木糞土・鴻雁哀鳴
兎死狗烹・錦心繡口・繁劇紛擾
碧血丹心・草茅危言

(九) 次の故事・成語・諺の**カタカナ**の部分を**漢字**で記せ。 (20) 2×10

1 命長ければ**ホウライ**を見る。

2 敵を見て矢を**ハ**ぐ。

3 **ホクシン**其の所に居て衆星之に共《むか》う。

4 **コウサ**は拙誠に如かず。

5 **ソウコウ**の妻は堂より下さず。

6 天地**ゼンコウ**無し。

7 **シラン**の室に入るが如し。

8 **トウコ**の筆。

9 人間到る処**セイザン**有り。

10 神明に**オウドウ**無し。

中宮寺の思惟〔カ〕の菩薩に、幾たびかその面影をさぐってみた。

（亀井勝一郎「大和古寺風物誌」より）

C 貧苦はたとえば残酷なる女教師に似たり。しかれども、その実は最善の教師なり。災難はたとえば4**オウセキ**に行われし罪の有無を鞠〔キ〕する水火の呵責《かしゃく》に似たり。人常に震慄〔ク〕してこれを避くることなれども、もし禍難至りたらんには、勇気を奮い、これと闘戦せざるべからず。古諺〔ケ〕に曰《いわ》く、「横禍は人を天に導く楷梯《かいてい》なり」と。あまねく人世を察するに、災禍は常に人をしてみずから堅固にし、みずから保全せしむる善教となることなり。されば、人は往々よく5**キゼン**として窮乏に堪え、欣然として障礙《しょうがい》と戦えども、後来亨通〔コ〕の時に至り、最も危うき私欲の感情に抗敵することあたわず。

（サミュエル・スマイルズ著　中村正直訳「西国立志編」より）

▼解答は別冊6・7ページ

(一) 次の傍線部分の読みを**ひらがな**で記せ。1～20は**音読み**、21～30は**訓読み**である。 (30) 1×30

1 日々孜孜として学業に励む。
2 古式に則り大嘗会の大礼が行われた。
3 膝を折り叩頭して非礼を詫びる。
4 秋風来って楓葉荻花を戦がす。
5 作者斌斌として其の業益盛んなり。
6 泰西流の政理を以て其の悪を匡済する。
7 錦紗の羽織をお召しになっている。
8 妖艶な舞姫が客の目を吸い寄せる。
9 尤物人を惑わし、忘れ得ず。
10 鉄桶の堅陣を布いて迎え撃つ。
11 仏智を得て無碍の境地に遊ぶ。
12 御尊父は令名高い杏林であらせられた。
13 臯魚の泣の故事を聞き身につまされる。
14 掩蓋を設え敵弾を防ぐ。

(二) 次の傍線部分は常用漢字である。その**表外**の**読み**を**ひらがな**で記せ。 (10) 1×10

1 私事を論われてかっとなった。
2 しずしずと拝殿の階を上る。
3 賂いを贈られて困惑する。
4 今も約やかな暮らしを続ける。
5 もろ人挙りて成婚を祝福する。
6 二人の交情の濃やかさに感嘆した。
7 数家人に告げずに出掛けた。
8 努努人に語る無かれ。
9 已自ら始末するに如くはない。
10 聖域の周りに標を結う。

(三) 次の**熟語**の**読み**（**音読み**）と、その**語義**にふさわしい**訓読み**を（送りがなに注意して）**ひらがな**で記せ。 (10) 1×10

〈例〉健勝……勝れる → けんしょう / すぐ

ア 1 輿望……2 輿い

(五) 次の傍線部分の**カタカナ**を**漢字**で記せ。 (40) 2×20

1 実に丁寧に**コンポウ**してある。
2 西欧の貴婦人に**フンソウ**する。
3 **メシベ**の柱頭に花粉を付ける。
4 秘蔵する良寛の書を**ショウガン**する。
5 **ホリュウ**の質の妻をいたわる。
6 **カンキツ**類特有の香りが漂う。
7 人目はばからず恋の**サヤアテ**を演じる。
8 原告の全面勝訴に**カイサイ**を叫んだ。
9 町中の家々が**スダレ**を下ろしている。
10 大きな**ヒョウタン**が風に揺れている。

郵便はがき

お手数ですが
切手をおはり
ください。

605-0074

（受取人）
京都市東山区祇園町南側
551番地
（公財）日本漢字能力検定協会
書籍アンケート係 行

K2303

フリガナ
お名前

〒　　　　TEL
ご住所

◆Webからでもお答えいただけます◆

下記URL、または右の二次元コードからアクセスしてください。
https://www.kanken.or.jp/kanken/textbook/past.html

ご記入頂きました個人情報は、アンケートの集計及び粗品の送付、今後の（公財）日本漢字能力検定協会の事業に関するご案内以外の目的には使用しません。また、第三者への開示、弊協会外へ漏洩することもございません。（ただし、業務の一部を、業務提携会社に委託する場合があります。）

16歳未満の方は、保護者の同意の上ご記入ください。

個人情報のご記入は任意でありますが、必須事項をご記入頂けない場合は粗品の送付が出来ない場合がございますので、ご注意ください。

ご記入頂きました個人情報に関する開示、訂正等お問い合わせは、下記の窓口へお願いします。

（公財）日本漢字能力検定協会　個人情報保護責任者　事務局長
個人情報相談窓口　https://www.kanken.or.jp/privacy/

20000098

今後の出版事業に役立てたいと思いますので、下記のアンケートにご協力ください。抽選で粗品をお送りします。

お買い上げいただいた本（級に○印をつけてください）

『漢検　過去問題集』

1級　準1級　2級　準2級　3級　4級　5級　6級　7級　8級　9級　10級

●年齢＿＿＿＿＿歳　　　●性別　男・女

●この教材で学習したあと、漢字検定を受検しましたか？その結果を教えてください。

a. 受検した（合格）　b. 受検した（不合格）　c. 受検した（結果はまだわからない）　d. 受検していない・受検する予定がない　e. これから受検する・受検するつもりがある

●この教材で学習したことで、語彙力《ごいりょく》がついたと思いますか？

a. 思う　b. 思わない　c. どちらともいえない

●この教材で学習したことで、漢字・日本語への興味はわきましたか？

a. わいた　b. わかなかった　c. どちらともいえない

●この教材で学習したことで、学習習慣は身につきましたか？

a. ついた　b. つかなかった　c. どちらともいえない

●この教材で学習したことで、漢字への自信はつきましたか？

a. ついた　b. つかなかった　c. どちらともいえない

●この教材に収録されていた問題数は適切でしたか？（1・準1級は6回、2～10級は13回）

a. とても多かった　b. 少し多かった　c. ちょうどよかった
d. 少し少なかった　e. とても少なかった

●この教材に満足しましたか？

a. 非常に満足した　b. ある程度満足した　c. どちらともいえない
d. あまり満足しなかった　e. 全く満足しなかった

●この教材で満足したところを、具体的に教えてください。

（　　　　　　　　　　　　　　　　　　）

●この教材で不満だったところを、具体的に教えてください。

（　　　　　　　　　　　　　　　　　　）

ご協力ありがとうございました。

15 情誼に感じてはらはらと涙を零す。

16 五十年前の己巳の年に元服した。

17 古今の翰藻を博覧する。

18 蚤知の士、名成りて毀《こぼ》たず。

19 姿こそひなびたれ、心は伽羅にて候。

20 頭を剃り糞掃衣を身にまとう。

---

21 道の俣で首を傾げている。

22 腕の立つ杢を集めた。

23 店の奥に時代物の姥口を並べてある。

24 神の嘉し給う所為であった。

25 山の阿にまじって蒼古たる寺がある。

26 侍の子は鍔音に眼を覚ます。

27 人間関係が歪になる。

28 我而に罪無きを知る。

29 子胡ぞ進みて辞せざるや。

30 谷深く立つ苧環は我なれや。

イ 3 窺知……4 窺う

ウ 5 湛然……6 湛える

エ 7 葺屋……8 葺く

オ 9 悉皆……10 悉く

(四) 次の各組の二文の（　）には**共通**する漢字が入る。その読みを後の□から選び、**常用漢字（一字）**で記せ。 **(10)** 2×5

1
- 俺は天才だと（１）言してはばからない。
- 国威の大大的な顕（１）を図る。

2
- （２）鬼の如く青ざめている。
- 家郷に（２）居して余生を送る。

3
- （３）来一層出不精になった。
- （３）残の身を横たえる。

4
- 師の学説を（４）述する。
- 唯物論哲学の始（４）とされる。

5
- 友人の見解に（５）義をさしはさむ。
- 些かも遅（５）せず実行する。

いん・ぎ・こう・そ
たい・ゆう・よう・ろう

11 市の財政が**キタイ**に瀕している。

12 **トテツ**もない金額を請求された。

13 金儲けに**キュウキュウ**としている。

14 **ススマミ**れになって掃除する。

15 中盤に入ると**ガゼン**攻勢に転じた。

16 世人の**シンタン**を寒からしめる。

17 親の威光を**カサ**に着る。

18 **カサ**に懸かって攻撃する。

19 並み居る強豪に**ゴ**して戦う。

20 討ち死にを**ゴ**して戦う。

㈥ 次の各文にまちがって使われている**同じ音訓の漢字が一字**ある。**上に誤字を、下に正しい漢字**を記せ。 (10) 2×5

1 友人たちを驚かせ羨望させた灼熱の恋の後に、晴れて華飾の典を挙げた。

2 事件解明の端初を摑むと、間髪を容れず関与した者を芋蔓式に検束した。

3 党の威進を賭した選挙に惨敗し、首班として鼎の軽重を問われ兼ねない。

4 一朝その勢を挽回するや怒濤の進軍が始まり周辺諸国を蚕食し並吞した。

5 暫時平坦な道を辿ると忽如として奇巌怪石累累たる険竣な山稜が現れた。

㈦ 次の**問1**と**問2**の四字熟語について答えよ。 (30)

問1 次の四字熟語の(1~10)に入る適切な語を後の□から選び**漢字二字**で記せ。 (20) 2×10

(1)準縄　　一紙(6)

(2)錯節　　鶏鳴(7)

㈧ 次の1~5の**対義語**、6~10の**類義語**を後の□の中から選び、**漢字**で記せ。□の中の語は一度だけ使うこと。 (20) 2×10

対義語

1 送別
2 直行
3 英明
4 垂死
5 適合

類義語

6 尊卑
7 触発
8 過褒
9 懸隔
10 符合

いつび・うかい・きせん・けいごう・けいてい・じゃっき・そせい・はいち・もうまい・りゅうべつ

㈩ 文章中の傍線(1~5)の**カタカナ**を**漢字**に直し、波線(ア~コ)の**漢字の読み**を**ひらがな**で記せ。 (20) 2×5 1×10

A 祭りの日などには舞台据えらるべき広辻あり、貧しき家の児等血色なき顔を曝[ア]して戯れす、懐手して立てるもあり。此処に来かかりし乞食あり。小供の一人、「紀州紀州」と呼びしが振り向きもせで行き過ぎんとす。打ち見には十五六と思わる、蓬[イ]なす頭髪は頸を被[ウ]い、顔の長きが上に頰肉こけたれば頷《おとがい》の骨尖れり。眼の光濁り瞳動くこと遅く何処ともなく睇視《みつむ》るまなざし鈍し。纏[エ]いしは袷[オ]一枚、裾は短く襤褸《ぼろ》下がり[1]ヌれしまま僅かに脛《すね》を隠せり。腋《わき》よりは蟋蟀《きりぎりす》の足めきたる肱[カ]現れつ、わなわなと戦慄《ふる》いつつゆけり。

(国木田独歩「源おじ」より)

B 今日のように自分免許の自由思想家から生温い説を聞かされては溜[キ]まったものでない。彼等は新思想の同情者であるとか、過渡時代の[2]**キョウリョウ**であるとか言って、頼まれもせぬおせっかいをして、却って徹底的に行かんとする者を危ない危ないと云って後ろ

(3)重来　　珍味(8)

(4)托生　　気息(9)

(5)戴天　　鱗次(10)

いちれん・えんえん・かこう
きく・くとう・けんど
しっぴ・ばんこん・はんせん
ふぐ

問2 次の1～5の**解説・意味**にあてはまる四字熟語を後の□から選び、その**傍線部分だけの読み**を**ひらがな**で記せ。 (10) 2×5

1 清廉高潔な人物の典型。
2 相手を造作もなく打ち負かすこと。
3 物や人が群がりひしめくさま。
4 求道者の実践徳目。
5 有名無実のたとえ。

一飲一啄・稲麻竹葦・伯夷叔斉
禾黍油油・慈悲忍辱・兎葵燕麦
鎧袖一触・竜跳虎臥

(九) 次の故事・成語・諺の**カタカナ**の部分を**漢字**で記せ。 (20) 2×10

1 **ゴトベイ**の為に腰を折る。
2 **ムカウ**の郷。
3 山葵と**ジョウルリ**は泣いて誉める。
4 家貧しくして**コウシ**顕れ、世乱れて忠臣を識る。
5 **ワラ**千本あっても柱にならぬ。
6 **シシ**身中の虫。
7 戎馬を殺して**コリ**を求む。
8 **チチュ**が網を張りて鳳凰を待つ。
9 大海は**アクタ**を択ばず。
10 落花枝に帰らず、**ハキョウ**再び照らさず。

から抱き止める。まるで保守思想の廻し者見たようなものである。彼等は旧思想を深く味おうた事無き故に之を飽くまで維持しようとする努力もなし得ず、新思想も[ク]生噛りであるが故に徹底的に主張する事もなし得ない。さればと云って真面目に懐疑して新旧両思想を自己の人格の奥底に於いて批評しようとの勇気も無い。要するに意識の浅弱と云うことが彼等の病である、彼等に限って旧思想が勢いを[ケ]恢復して来ると妥協説を吐き、新思想が歓迎せられて来ると物識り顔をする。我等浅学の徒は彼等によって色々新しい事を教えられる事もあるが、其の態度は何時でも[3]**キザ**で生意気で片腹痛い事が多い。イブセンがどうのニイツエがどうのと云って其の[4]**ソウハク**だに[コ]誉め得ざる蓄音機に過ぎぬでは無いか。彼等はただ「最近の最近」を追う浮気者である。[5]**ホウトウ**息子が勘当すると威嚇されて女郎買いを止めるが如く、此の徒は当局の抑圧によって改宗を宣言する不信者である。

(魚住折蘆「穏健なる自由思想家」より)

▼解答は別冊8・9ページ

試験問題 5 （準1級）

(一) 次の傍線部分の読みを**ひらがな**で記せ。1〜20は**音読み**、21〜30は**訓読み**である。 (30) 1×30

1 鶯語に誘われ花の下に至る。
2 葉と茎に毛茸が密生している。
3 無類の耽美的な作風が文名を高めた。
4 弘誓の船に棹《さお》して生死の苦海を渡る。
5 茅茨煙に籠もって夜の月朦朧《もうろう》たり。
6 端無くも師の椿庭に御目見得が叶った。
7 逐鹿場裡に激戦を繰り広げる。
8 感奮興起して鉄杵を磨く。
9 武器に或いは農具に石斧を用いた。
10 芸妓が歌舞音曲で酒宴に興を添える。
11 情け知らずの酷吏を蒼鷹にたとえた。
12 署名と押捺を求められた。
13 サラブレッドの牝馬を所有している。
14 穆然として深思する所有りと評される。

(二) 次の傍線部分は常用漢字である。その**表外**の**読み**を**ひらがな**で記せ。 (10) 1×10

1 被害は広がり六万町に垂とする。
2 喧嘩っ早い質ですぐ悶着を起こす。
3 会則違反の廉で除名する。
4 掌を指すが如くに難問を解き明かす。
5 生憎諸の事情が重なった。
6 代々帝位が有徳の者に禅られた。
7 開演を告げる拍子木の音が打打と響く。
8 いつか深みに入り幾ど溺れかけていた。
9 我ながら克く乗り切った。
10 誠に宜しいお見立てと存じます。

(三) 次の**熟語**の**読み**（**音読み**）と、その**語義**にふさわしい**訓読み**を（送りがなに注意して）**ひらがな**で記せ。 (10) 1×10

〈例〉 健勝……勝れる → けんしょう／すぐ

ア 1 丞相……2 丞ける

(五) 次の傍線部分の**カタカナ**を**漢字**で記せ。 (40) 2×20

1 引用部分を**カギカッコ**でくくる。
2 滋味**キク**すべき名篇である。
3 復興の**ツチオト**が高鳴る。
4 空中に漂う**バイエン**が日の光を遮る。
5 兵士たちを**エンセン**気分が支配した。
6 **ミノムシ**の巣が風に揺れている。
7 対戦相手の一瞬の**ヒル**みに乗じる。
8 丘の**リョウセン**の向こうに姿を消した。
9 郷里に**ヒッソク**してつましく暮らす。
10 七夕の夜に**ケンギュウセイ**を見上げる。

15 朱塗りの神垣を廻らしてある。
16 転た愛憐の情を禁じ得ない。
17 鎌刃の如き月が空に懸かる。
18 玉屑紛々として降りしきる。
19 入社五年目に社長の女婿となった。
20 安政の乙卯の歳に大地震があった。

21 粂の仙人の説話に興味を惹かれる。
22 鏡面のような凪の海に漕ぎ出した。
23 虎斑の駒に跨がり軍の庭に向かう。
24 さても篦太い心ならずや。
25 恰も磁石に引かれる鉄のようだった。
26 急峻な岨道をずんずん登っていく。
27 以て国風を匡さんとす。
28 沓新しと雖《いえど》も冠となさず。
29 世を逃れ葎の宿に侘《わ》び住まいする。
30 再会を願って餞別《せんべつ》に檜扇を贈る。

イ 3 誹毀……4 誹る
ウ 5 粥文……6 粥ぐ
エ 7 頑魯……8 魯か
オ 9 鳩合……10 鳩める

(四) 次の各組の二文の（　）には**共通する漢字**が入る。その読みを後の□から選び、**常用漢字（一字）**で記せ。 (10) 2×5

1 （1）外の幸せにあずかる。
世界制覇の非（1）を抱く。

2 よくよく商（2）して決定する。
明らかに不当な（2）刑である。

3 所（3）の条件から結論を導く。
旅行者に便益を供（3）する。

4 文（4）に技巧を凝らしてある。
引き留められたが（4）去した。

5 父の遺（5）を肝に銘ずる。
終生持（5）の僧であった。

あん・かい・じ・ぶつ
ほう・ぼう・よ・りょう

11 身を**テイ**して遭難者の救助に当たる。
12 交通ストライキを**モッケ**の幸いとする。
13 事の成る前、屢**ショウズイ**が現れた。
14 盆栽**イジ**りをこよなき楽しみとする。
15 **リュウチョウ**なフランス語を話す。
16 墨蹟の**シンガン**を鑑定する。
17 南海の**サンゴショウ**を訪れる。
18 新学説が世の学者を**キョウトウ**させた。
19 長く**トウカン**に付されていた。
20 手紙をポストに**トウカン**する。

(六) 次の各文にまちがって使われている**同じ音訓の漢字が一字**ある。**上に誤字**を、**下に正しい漢字**を記せ。 (10) 2×5

1 未曽有の栄耀栄華を享受する王朝に人知れず弔落の影が忍び寄っていた。

2 冬枯れの山野に藁葺きの田家が点綴され禅味ある一服の画となっている。

3 公職を離れて陰栖し、旧態依然たる政界の喧擾を余所目に消日していた。

4 倒産の危殆に瀕した社を再建したのは俺だと言わん許りの口噴であった。

5 爆音の轟く昏碧の空を仰ぐと金属の昆虫めいた敵機の群れが迫っていた。

(七) 次の**問1**と**問2**の四字熟語について答えよ。 (30)

問1 次の四字熟語の(1〜10)に入る適切な語を後の□から選び**漢字二字**で記せ。 (20) 2×10

(1) 脱漏　　意気(6)

(2) 一斑　　長身(7)

(八) 次の1〜5の**対義語**、6〜10の**類義語**を後の□の中から選び、**漢字**で記せ。□の中の語は一度だけ使うこと。 (20) 2×10

対義語

1 愚昧
2 敢行
3 注視
4 出仕
5 秩序

類義語

6 市井
7 空前
8 終日
9 死別
10 遭遇

えいけつ・こうかん・こぎ
こんとん・じんじつ・そうけい
ちし・はてんこう・べっけん
ほうちゃく

(十) 文章中の傍線(1〜5)の**カタカナ**を**漢字**に直し、波線(ア〜コ)の**漢字**の**読み**を**ひらがな**で記せ。 (20) 2×5 1×10

A 去年の春の夜、――と云ってもまだ風の寒い、月の冴えた夜の九時ごろ、保吉は三人の友だちと、魚河岸の往来を歩いていた。三人の友だちとは、俳人の露柴、洋画家の風中、[1]**マキエ**師の如丹、――三人とも本名は明かさないが、その道では知られた腕っ[ア]扱きである。殊に露柴は年かさでもあり、新傾向の俳人としては、[イ]夙に名を[2]**ハ**せた男だった。我々は皆酔っていた。尤も風中と保吉とは下戸、如丹は[ウ]名代の酒豪だったから、三人はふだんと変わらなかった。唯露柴はどうかすると、足もとも少々あぶなかった。

(芥川龍之介「魚河岸」より)

B 茶は風流な遊びではなくなって、自性了解の一つの方法となって来た。王元之は茶を称揚して、直言の如く霊を溢らせ、その爽快な苦味は善言の[エ]余馨を思わせると言った。蘇東坡《そとうば》は茶の清浄[3]**ムク**な力に就いて、真に有徳の君子の如く汚すことが出来ないと書いている。仏教徒の間では、道教の教義を多く交

（3）自煎　千錯（8）
（4）同時　行住（9）
（5）十菊　筆耕（10）

けんこう・けんでん・こうか
ざが・ずさん・ぜんぴょう
そうく・そったく・ばんそう
りくしょう

問2 次の1～5の**解説・意味**にあてはまる四字熟語を後の□から選び、その**傍線部分だけの読み**を**ひらがな**で記せ。 (10) 2×5

1 洞が峠。日和見。
2 実を伴わない物事。
3 根幹を重んじ枝葉にこだわらない。
4 敵の機鋒を挫き付け入る隙を与えない。
5 人の詩文を盗用する。

折衝禦侮・釈根灌枝・首鼠両端
活剝生呑・浮花浪蕊・竜騰虎闘
社燕秋鴻・綱挙網疏

(九) 次の故事・成語・諺の**カタカナ**の部分を**漢字**で記せ。 (20) 2×10

1 **カイケイ**の恥を雪ぐ。
2 姉は**スゲガサ**妹は日傘。
3 **ホンケ**還りの三つ子。
4 大匠は**セッコウ**の為に縄墨を改廃せず。
5 **ガイダ**珠を成す。
6 万緑**ソウチュウ**紅一点。
7 百尺**カントウ**に一歩を進む。
8 親の欲目と他人の**ヒガメ**。
9 **リョウキン**は木を択んで棲む。
10 鳩に三枝の礼あり、烏に**ハンポ**の孝あり。

えた南方の禅宗が苦心丹精の茶の儀式を組み立てた。僧等は4**ボダイ**オ達磨の像の前に集まって、只一個の碗から聖餐のように頗る儀式張って茶を飲むのであった。この禅の儀式こそは終に発達して十五世紀に於ける日本の茶の湯となった。

（村岡博訳・岡倉天心「茶の本」より）

C 私に土地を領することは大化の改新にてカ禁められしに、王綱日に弛みて、さながら古の姿に復し、国司郡司等在任の間に多く私田を貯え、任満つるもなお本国に留まり、土地を子孫に分け与えて家富み身栄えぬ。且つキ任畢わりたる後も久しく其の地に在りて吏務に練達したるものなれば、新国司も之に政を聴かしむることあり。威福ク両つながら備えて、権勢ほとほと新司を5**シノ**ぎ、互いに軋轢《あつれき》して国政を渋滞せしめたりき。かかりしから諸国はますます疲弊に陥りしかど、朝廷は久しく太平に馴れ武備ケ漸く廃れて之をコ督撫すること能わず。

（三浦周行「天慶の乱を論ず」より）

▼解答は別冊10・11ページ

（一）次の傍線部分の読みをひらがなで記せ。1～20は**音読み**、21～30は**訓読み**である。 (30) 1×30

1 翠雨に煙る遠近の山を飽かず眺める。
2 例年より禾穂の成熟が遅れている。
3 屢次に及ぶ災害が村を荒廃させた。
4 門下生から俊彦が輩出した。
5 廊下に哀咽の声が洩れてくる。
6 后妃に淑徳有りて胤嗣に賢聖の君有り。
7 這裏の消息は容易に会得できた。
8 舘の周りに鹿砦を巡らしてある。
9 貴君の萱堂に宜しくお伝え願いたい。
10 侃侃たる議論が満堂を圧倒した。
11 この度は伯父の緩頰を煩わした。
12 生年の丙寅に因んで命名された。
13 兜率天内院は弥勒《みろく》菩薩の住処とされる。
14 君主の幸姫として殊の外時めいていた。

（二）次の傍線部分は常用漢字である。その**表外**の**読み**を**ひらがな**で記せ。 (10) 1×10

1 百歳を迎えた祖母を寿ぐ。
2 身の程を弁え賢しく身を処する。
3 政界にはびこる賄賂の実態を糾す。
4 反省の色無く剰え薄笑いまで浮かべる。
5 話し合いの緒を見出し得ない。
6 旧習に泥んで改革に背を向ける。
7 二つ返事で肯った。
8 細々とした庶の事務を扱う。
9 故人の徳を称えて一文を寄せる。
10 畏くも直々にお言葉を賜った。

（三）次の**熟語**の**読み**（**音読み**）と、その**語義**にふさわしい**訓読み**を（送りがなに注意して）**ひらがな**で記せ。 (10) 1×10

〈例〉健勝……勝れる → けんしょう / すぐ

ア 1 坦夷……2 夷らか

（五）次の傍線部分の**カタカナ**を**漢字**で記せ。 (40) 2×20

1 会場は**リッスイ**の余地もなかった。
2 **ウルウドシ**の二月二十九日に生まれた。
3 放置すると足指が**エシ**しかねない。
4 当代随一の名妓と**ケンデン**される。
5 諫言が社長の**ゲキリン**に触れた。
6 選挙前は**ホウマツ**候補扱いされた。
7 動もすれば日常の**サジ**にかかずらう。
8 **ヤブヘビ**になるから止めておけ。
9 **シリスボ**まりの花瓶に菊を活ける。
10 玄関に柄の長い**クツベラ**を置いてある。

15 前行戟盾を持し後行弓弩《きゅうど》を持す。
16 家鴨飛翔《ひしょう》すること能わず。
17 碩鼠碩鼠我が黍を食《は》む無かれ。
18 能わずんば我が跨下より出でよ。
19 衆人は或或たり、好悪意に積む。
20 参商の隔てを如何ともし難い。

21 山の裕に開けた温泉郷に逗留する。
22 年を経た亭亭たる椙が立ち並ぶ。
23 疲れが澱のように溜まっている。
24 どんな苦労も厭ったりしない。
25 群臣より賢を擢きて用う。
26 信じ難いほど灼な薬効があった。
27 ここに古の帝尭を稽う。
28 先父母の遺体を以て殆うきを行わず。
29 浅葱にて殿上に帰り給う。
30 韓衣たつ田の山はもみじそめたり。

イ 3 亘古……4 亘る
ウ 5 渥恩……6 渥い
エ 7 嘉禎……8 禎い
オ 9 鍾愛……10 鍾める

(四) 次の各組の二文の（　）には**共通**する漢字が入る。その読みを後の□から選び、**常用漢字（一字）**で記せ。 **(10)** 2×5

1
全国各地の花（1）に接する。
忽ち強烈な魚（1）があった。

2
（2）力を尽くして戦う。
罪、万（2）に値する。

3
適（3）するところを知らない。
数多くの事実から（3）納する。

4
社員の仕事を差（4）する。
ご（4）意頂き感謝に堪えません。

5
忘じ難き（5）旧と再会する。
驚く程世（5）に長けている。

き・こ・し・じょう
しん・そう・はい・べつ

11 草深い**ハニュウ**の宿に生い育った。
12 沖合に漁り火が**テンテイ**する。
13 食事をするのも**オックウ**だった。
14 頭部を殴打されて**コントウ**した。
15 **ツラツラ**考えてみると話がうますぎる。
16 古式に則り**カンブツエ**を行う。
17 **ホラ**が峠を極め込んでいる。
18 どうせ例の**ホラ**に決まっている。
19 夜は早くも**ショコウ**を過ぎていた。
20 漸く解決の**ショコウ**が見え始めた。

6

㈥ 次の各文にまちがって使われている**同じ音訓の漢字**が**一字**ある。**上に誤字**を、**下に正しい漢字**を記せ。 (10) 2×5

1 著者の穎敏且つ細利な頭脳は東洋文明の実態を的確克明に把捉している。

2 古雅な装束を纏い翁に紛した能楽師の舞う所作から幽玄の気が立ち昇る。

3 断末魔の苦問に顔を歪める戦友の手を握ると安堵と感謝の色を浮かべた。

4 煩忙を逃れ浩然の気を養わんと秋の信濃路に佳境賞地を求める旅に出た。

5 泰西思潮紹介の啓蒙的著作が広湖の喝采を博し一躍時代の寵児となった。

㈦ 次の**問1**と**問2**の四字熟語について答えよ。 (30)

問1 次の四字熟語の(1～10)に入る適切な語を後の□から選び**漢字二字**で記せ。 (20) 2×10

(1)迎合

(2)墨守

紫電(6)

和光(7)

㈧ 次の1～5の**対義語**、6～10の**類義語**を後の□の中から選び、**漢字**で記せ。□の中の語は一度だけ使うこと。 (20) 2×10

対義語

1 快諾

2 碇泊

3 肥沃

4 中枢

5 武断

類義語

6 繁栄

7 行方

8 次第

9 偵察

10 敬老

きすう・こうぶ・しゅんきょ
しょうし・せっこう・てんまつ
ばつびょう・ぶんち・まっしょう
りゅうしょう

㈩ 文章中の傍線(1～5)の**カタカナ**を**漢字**に直し、波線(ア～コ)の**漢字**の**読み**を**ひらがな**で記せ。 (20) 2×5 1×10

A 名にし負う高雄の山の冬は寂(ア)びたるたそがれごろ、夕べの行の梵唄《ぼんばい》は寒巌(イ)枯木に声ありて語るがごとく嵐の青く渡れるところ雲の白う宿る辺りより落ち来りて、聴く人の骨に浸(ウ)み脾肝《はらわた》に徹るばかり、心は洸洋《こうよう》として生死の境を脱《のが》れ出でて寂滅**イラク**(1)の浄地に遊ぶの想いあらしむ。新月、今前山の巓《いただき》に懸かりて神護寺の碧瓦(エ)を照らし、寺門に傍うて流れたる清滝川の三十六瀬雪を噴く。寺の庫裡(オ)、苔の香高き古庭を前にして竹の椽《えん》につづく出文机、青銅の花瓶に一輪活けたる山茶花の一葩《ひら》、二葩、菊灯台の影淡きところに飜《ひるがえ》り落ちて聞くに声あらんとするまで静けき方丈の一閑室に、草座を敷いて兪迦《ゆが》三密の行に入れる老僧は問わずとも著《しる》き文覚上人、木蘭色の素絹の法衣《ころも》に平五条の**ケサ**(2)を掛け、白の葛の大口を**ハ**(3)きたり。

(遅塚麗水「佐渡の文覚」より)

（3）群吠　　安車（8）
（4）地獄　　臥竜（9）
（5）玉兎　　乱臣（10）

あふ・いっせん・きゅうとう
きんう・ぞくし・どうじん
ほうすう・ほりん・むけん
ゆうけん

問2 次の1〜5の**解説・意味**にあてはまる四字熟語を後の□から選び、その**傍線部分だけの読み**を**ひらがな**で記せ。（10）2×5

1 永遠の誓い。
2 後の祭り。
3 難民が溢れているさま。
4 万物がその所を得ている。
5 根本原因を取り除く。

亡羊補牢・推本溯源・釜底抽薪
河山帯礪・鳶飛魚躍・屋梁落月
哀鴻遍野・漆身呑炭

（九） 次の故事・成語・諺の**カタカナ**の部分を**漢字**で記せ。（20）2×10

1 **コチョウ**の夢。
2 酒は天の**ビロク**。
3 王侯**ショウショウ**寧んぞ種あらんや。
4 **カセイ**は虎よりも猛し。
5 朝菌は**カイサク**を知らず。
6 **ヒゲ**も自慢のうち。
7 **ジジョ**の交わり。
8 **セイア**は以て海を語るべからず。
9 天はたかく地はひくくして**ケンコン**定まる。
10 **シセイ**にして動かざる者は、未だ之有らざるなり。

B

重裘《じゅうきゅう》をカ襲ね錦褥《きんじょく》に坐し、暖炉を擁して庭前の雪を賞する者は、何ぞ坊間の小民が寒に泣き凍に叫ぶの状態を知らんや。身は都門数里の中を出でず、見る所は綺羅《きら》のみ、聞く所は管絃のみ。此くの如き者は何ぞ与《とも》に桑麻耕耨《こうどう》の事を談ず可けんや。古人が階前咫尺《しせき》の地を以て千万里の遠きに喩《たと》うる者は蓋し之を以て也。而して其キ偶風を採り俗を察するの目的を以て地方を巡視することあるも、村吏之が前に導きて県官之が後に従う。故に見聞する所は土地の広狭山川の位置のみ。民間真成の現象の如きは毫《ごう》も其の目前に呈露する能わざるなり。故に聡明ク敏慧の人と雖《いえど》も実際の観察を誤り、ケ輿論に背くの事件を以て民情に従うの処置なりと4**シイ**し、自ら信じて疑わざるに至る、豈《あに》傍観者の一笑を免れんや。止《ただ》身に係累なく笠を担い杖をコ曳き、飄然《ひょうぜん》として四方に雲遊する者にして、始めて能く地方の利害5**キュウセキ**を知るを得べし。

（末広重恭「民情の如何を知れ」より）

▼解答は別冊12・13ページ

(一) 次の傍線部分の読みを**ひらがな**で記せ。1〜20は**音読み**、21〜30は**訓読み**である。 (30) 1×30

1 深山に鐘が鏗鏘と鳴り響く。
2 蜿蜿と延びる之字路を辿る。
3 内に機密を幹《つかさど》り出でて詔命を宣す。
4 地層の裂罅にセメントを注入する。
5 枕簟を斂め室堂及び庭を灑掃す。
6 吹花擘柳の風が吹き過ぎる。
7 城を高くし塹を深くし藺石を具う。
8 俛仰の間にして四海の外を撫す。
9 舟を江海に浮かべ楫櫂を捐棄す。
10 夫聖人は鶉居して鷇食《こうしょく》す。
11 心を竭くして自ら勖厲する。
12 仗旗の纛旛を立てて即位礼を行う。
13 窮閻阨巷に処り困窘して履を織る。
14 種々の山菜を筐筥に盛って献上する。
15 鴇羽の嗟が国中に満ちていた。

(二) 次の傍線部分の**カタカナ**を**漢字**で記せ。19、20は**国字**で答えること。 (40) 2×20

1 町内の**ドブサラ**いに駆り出される。
2 誰何すると**イダテン**走りに逃げ出した。
3 **ヒザマズ**いて赦しを乞う。
4 講義しながら数**カイギャク**を弄する。
5 お望みなら君に**ノシ**を付けて進呈する。
6 秋も深まり**ソウコウ**の時節となった。
7 **ス**えたような嫌な匂いがする。
8 立ち上がる時下肢に**トウツウ**を覚えた。
9 **フシクレ**立った手で書状を認める。
10 **コツコツ**と努力を重ねた甲斐があった。

(三) 次の1〜5の意味を的確に表す語を、後の□から選び、**漢字**で記せ。 (10) 2×5

1 読書・学問をすること。
2 史料、記録の別称。また歴史。
3 手段、方便。また手引、階梯。
4 本の虫。また書痴の類を言う。
5 鐘や鼎に刻された文字。

かんさつ・かんし・かんせい
さっき・せんちゅう・せんてい
とぎょ・もっこう

(四) 次の**問1**と**問2**の四字熟語について答えよ。 (30)

問1
次の四字熟語の(1〜10)に入る適切な語を後の□から選び**漢字二字**で記せ。 (20) 2×10

(1)長夜　　牝牡(6)
(2)陣馬　　明眸(7)

16 山林羈鞅少なし、世路艱阻多し。
17 鱗鰭首尾宛も刻画の若し。
18 放飯する毋れ、流歠する毋れ。
19 殷たる雷大風を従え霾翳を散ぜしむ。
20 彭殤を斉しくするは妄作為り。
21 参差たる木を組んで槎とする。
22 子は将に奚をか先にせんとする。
23 有漢業を山南に剏め跡を三秦に発《おこ》す。
24 羞むるに含桃を以てす。
25 麓を罩めて川霧が立つ。
26 陸には源氏箙を叩いてどよめきけり。
27 帝曰く、兪り予聞くも如何と。
28 往きて之に馬を饋る。
29 屢厥の先祖父を思う。
30 君子以て獄を折め刑を致す。

11 **デガ**らしの茶をうまそうに啜る。
12 お**アツラ**え向きの上天気になった。
13 王冠に**カンニュウ**された宝石が煌めく。
14 憎い仇を**ハッタ**と睨み据えた。
15 党員の行動に**セイチュウ**を加える。
16 長年**コウシツ**の交わりを結んできた。
17 **コウロウ**を経た老臣が輔弼する。
18 無為自然を尚び**コウロウ**の学を唱える。
19 **エゾ**は高級煉り製品の原料となる。
20 **ホロ**に敵の放った矢の当たる音がした。

（3）蕭然
（4）不遇
（5）仏性

懸崖（8）
擠陥（9）
雲壌（10）

かんか・かんと・げつべつ
こうし・ざんぶ・しつう
ふうしょう・むみょう・りこう
ろくば

問2 次の1～5の**解説・意味**にあてはまる四字熟語を後の□から選び、その**傍線部分だけの読み**を**ひらがな**で記せ。 (10) 2×5

1 能力学識の改善向上に努める。
2 外観に囚われず物事の実相に迫る。
3 仏の三十二相の一。肉髻に同じ。
4 とてもあてにできない。
5 物事の前兆の喩。

烏瑟膩沙・史籀大篆・断虀画粥
礎風春雨・佇思停機・鏃礪括羽
河清難俟・鞭辟近裏

(五) 次の**熟字訓・当て字**の**読み**を記せ。 (10) 1×10

1 水蠆
2 雲呑
3 木通
4 沙蚕
5 金襖子
6 流鏑馬
7 鉄刀木
8 赤目魚
9 九面芋
10 山蘿蔔

(六) 次の**熟語の読み（音読み）**と、その**語義**にふさわしい**訓読み**を（送りがなに注意して）**ひらがな**で記せ。 (10) 1×10

〈例〉 健勝……勝れる → けんしょう / すぐ

ア 1 翊戴……2 翊ける
イ 3 翕合……4 翕める
ウ 5 摶景……6 摶つ
エ 7 訐揚……8 訐く
オ 9 明皝……10 皝い

(七) 次の1～5の**対義語**、6～10の**類義語**を後の□の中から選び、**漢字**で記せ。□の中の語は一度だけ使うこと。 (20) 2×10

対義語

1 劈頭
2 豊穣
3 結綬
4 頑陋
5 和煦

類義語

6 芳墨
7 鴟梟
8 瞬目
9 饗応
10 開帆

かいらん・かったつ・きょうけん
ぎょくしょう・けいかん・けいしょ
さいこ・だんしきょう・とうび
りょうしょう

(八) 次の故事・成語・諺の**カタカナ**の部分を**漢字**で記せ。 (20) 2×10

1 イラカ破れて霧不断の香を焚く。
2 ハクギョクロウ中の人と化す。
3 衆口金を鑠かしセッキ骨を銷す。
4 ヘッツイより女房。
5 バチが当たれば太鼓で受ける。
6 海はスイロウを譲らず、以て其の大を成す。
7 貧賤にセキセキたらず、富貴に忻忻たらず。
8 シンルに順う者は帷幕を成す。
9 ショウキ大臣の棚から落ちたよう。
10 水行コウリュウを避けざるは漁父の勇なり。

(九) 文章中の傍線（1～10）の**カタカナ**を**漢字**に直し、波線（ア～コ）の**漢字**の**読み**を**ひらがな**で記せ。 (30) 2×10 1×10

A　余が岳南の曽棲村に至れば、帰牛牟々落暉を帯びて静かに度る小川の[ア]漣猗にも岳影皺み、千本松原の露隕つること多きところ、欹帆仄帆皆晴湾に涵せるこの高根の上を行き、縉紳の[イ]別墅の楣間《びかん》を照らすの紫嵐の色は復尋常一様の家に入る、冥目して其の美を心に描けば悠遠崇高、一たび登りて其の高を極めんとす、今茲七月念三日終に登る。函嶺より望めば晴巒雨峯を圧して高く雲漢を抜くの此の山あり、上峰は五朶を成せり、上青天と連なり下白雲と接す、客舎に就く日は亭午に近し、主人曰く登岳の客は皆[1]**ヘイタン**にして行く、貴客は京人、[2]**セイショウ**の具に乏しからん、豪力を僦《やと》えと、豪力なるものは綿衣、草鞋、食糧を負うて客の東道をなすもの、余や応ぜず。先ず草鞋数隻を買い来らしめて之を腰間に[ウ]佩び騎して発す、主人送りて戒めて曰く岳上日暮寒きこと甚だし、石室のうちに宿するといえども[3]**フスマ**を重ねて僅かに困夢を得るのみ、朔風猟々として加賀の白山を度り甲州の諸山を掠めて直に岳に至り宝永山の大洞谺して之を吸い横さまに欠処より吹く[4]**サレキ**や残雪や皆活きて走る。

（遅塚麗水「不二の高根」より）

B　輒ち橋を渡りて僅かに行けば、日光冥く、山厚く畳み、嵐気冷ややかに壑深く陥りて、幾廻りせる葛折の、後ろには密樹に声々の鳥呼び、前には幽草歩々の花を発き、[エ]逾躋れば、遥かに木隠れの音のみ聞こえし流れの水上は浅く露れて、[オ]驚破や、斯《ここ》に空山の雷白光を放ちて[カ]頽れ落ちたる乎と凄まじかり。道の右は山を劖《き》りて長壁と成し、幾条とも白糸を乱し懸けたる細瀑小瀑の珊々として濺げるは、嶺上の松の調べも、定めて此の[5]**オ**よりやと見捨て難し。抑塩原の地形たる、綿々として箒川の流れに[キ]泝る[ク]片岨の、四里に岐れ、十一里に亙りて、到る処[ケ]巉巌の水を[コ]夾まざる無きは、宛然青銅の薬研に瑠璃末を砕くに似たり。

（尾崎紅葉「金色夜叉」より）

C　吾人は敢えて此の篇を以て些かの[6]**カシ**なしといわず、而れども作者がお力に向かって無量の同情をそそぎ、其の醜陋[7]**ヒワイ**に包まれたる一点憐れむべきの心情を、彼に代わって発露し来りたるに向かって十二分の賞賛を作者に呈するを[8]**チュウチョ**せず。近時[9]**ユウゼン**の作家中、猶よく此の作に[10]**ガ**して遜色なきを得るものありや、作者が新進として優に其の伎倆を先輩に抽きんずると、其の筆致の軽妙、着眼の奇警、観察の精緻、大いに天外と相似たるものなきに非ず。吾人は後進中に在って男作者には天外を推し、女流に在っては此の作者を推す。

（田岡嶺雲「一葉女史の『にごりえ』」より）

▼解答は別冊14・15ページ

1級

漢検

日本漢字能力検定 答案用紙

性別
男
女

生年月日
西暦
年 月 日

※印字されていない場合は、□の中に生年月日を記入。
<記入例>
生年月日が2001年(平成13年)1月1日なら
2001年01月01日

訂正
西暦
年 月 日
※生年月日に誤りがある場合、訂正にマークし、■の中に正しい生年月日を記入。

マーク記入例
○のように をきれいにぬりつぶしてください。

ご記入いただきました個人情報は、当協会の検定にかかわる業務にのみ使用します。

(ただし、検定にかかわる業務に際し、業務提携会社に作業を委託する場合があります。)

ご記入いただきました個人情報にかかわるお問い合わせは、下記までお願いします。

(公財)日本漢字能力検定協会　https://www.kanken.or.jp/privacy/

注意事項が裏面にありますので、よく読んで解答してください。

答えはすべてこの用紙に記入してください。

この用紙は折りまげたり、汚したりしないでください。

(一) 読み (30)

1	2	3	4	5	6	7	8	9	10	11	12

1×30

(二) 書き取り (40)

1	2	3	4	5	6	7	8

2×20

(三) 語選択 書き取り (10)

1	2	3	4	5

2×5

(四) 四字熟語 (30)

問1 書き取り

1	2

2×10

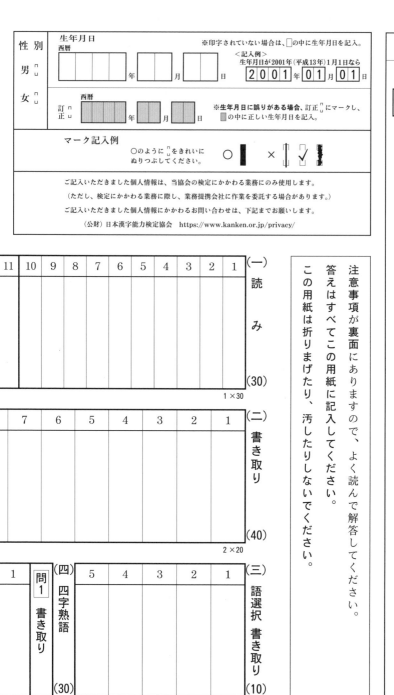

訂正 [ ]

※氏名に誤りがある場合、右上の訂正[ ]にマークし、正しい氏名を記入。

ふりがな

氏　名

※印字されていない場合は氏名を記入。

受検番号

[0][1][2][3][4][5][6][7][8][9]	[0][1][2][3][4][5][6][7][8][9]	[0][1][2][3][4][5][6][7][8][9]	[0][1][2][3][4][5][6][7][8][9]	[0][1][2][3][4][5][6][7][8][9]	[0][1][2][3][4][5][6][7][8][9]

会　場　名

会場番号

[0][1][2][3][4][5][6][7][8][9]	[0][1][2][3][4][5][6][7][8][9]	[0][1][2][3][4][5][6][7][8][9]	[0][1][2][3][4][5][6][7][8][9]	[0][1][2][3][4][5][6][7][8][9]	[0][1][2][3][4][5][6][7][8][9]	[0][1][2][3][4][5][6][7][8][9]

30	29	28	27	26	25	24	23	22	21	20	19	18	17	16	15	14	13

20	19	18	17	16	15	14	13	12	11	10	9

5	4	3	2	1	問2 意味と読み	10	9	8	7	6	5	4	3

2 × 5

解答欄を間違えないよう設問番号を確認してください。

(五) 熟字訓・当て字 (10)

1	2	3	4	5	6	7	8	9	10

1×10

(六) 熟語の読み・一字訓読み (10)

ア 1	ア 2

1×10

(七) 対義語・類義語 (20)

1	2	3	4	5	6	7	8	9	10

2×10

(八) 故事・諺 (20)

1	2

2×10

(九) 文章題 (30)

書き取り

1	2	3	4	5	6	7	8	9	10

2×10

読み

1	2	3	4	5	6	7	8	9	10	ア	イ

1×10 ←

しないでください。答えが書けなくても必ず提出してください。

誤答となることがありますので、ご注意ください。

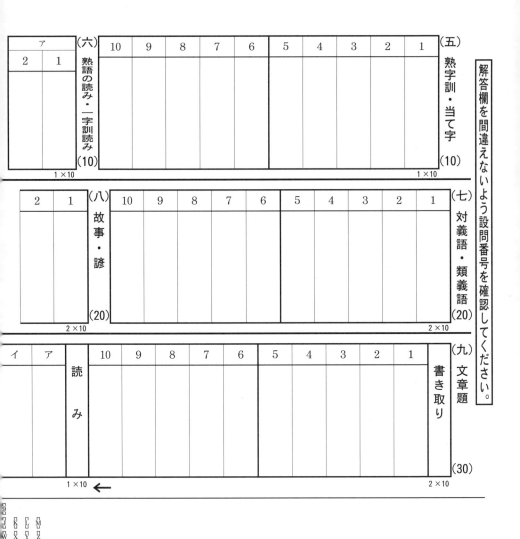

オ		エ		ウ		イ	
10	9	8	7	6	5	4	3

10	9	8	7	6	5	4	3

コ	ケ	ク	キ	カ	オ	エ	ウ

〔注 意 事 項〕

① 答えはすべてこの用紙に書きなさい。

② 合図があるまで、はじめてはいけません。（時間は**60分**です。）

③ 問題についての説明はありませんので、問題をよく読んでから答えを書きなさい。

④ 答えは、ＨＢ・Ｂ・２Ｂの鉛筆またはシャープペンシルで書きなさい。（**ボールペンや万年筆等は使用しない**こと）

⑤ 答えは、**楷書**でわく内いっぱいに**大きくはっきり**書きなさい。
とくに漢字の**書き取り問題**では**はねるところ・とめるところ**など、はっきり書きなさい。
行書体や草書体のようにくずした字や、乱雑な字は**検定の対象**にはなりません。

⑥ 問題の見落としや早合点のないよう、くれぐれも注意してください。

△合否その他に関する問い合わせにはいっさい応じられません。

（公財）日本漢字能力検定協会

〔不 許 複 製〕

これより下は記入しないこと。

年度 0 1 2 3 4 5 6 7 8 9

回 0 1 2 3 4 5 6 7 8

日程 A B C D E F G H I

N O P Q R S T U V

級 0 1 2 3 4 5 6 7 8

この用紙は折りまげたり、汚したり

乱雑な字や、薄くて読みにくい字は

字体について

表外漢字における字体の違いとデザインの違い

国語審議会答申「表外漢字字体表」（平成12年）「Ⅲ参考」による。

表外漢字字体表においても、常用漢字表の考え方を基本的に踏襲する。以下、常用漢字表でデザインの違いとするそれぞれの例に該当する表外漢字の例を、表外漢字字体表に掲げられた一〇二二字の中から選んで示す。また、表外漢字だけに適用するデザイン差の例も併せて示す。（※印は現在は常用漢字。）

1　へんとつくり等の組合せ方について

(1)　大小、高低などに関する例

甥　甥　頃※　頃

明朝体のデザインの違い、および明朝体と筆写の楷書との関係について、「表外漢字字体表」から抜粋しました。

(2)　はなれているか、接触しているかに関する例

曖※　曖　弄※　弄

2　点画の組合せ方について

(1)　長短に関する例

撫　撫　撫　諏　諏

睾　睾　禽　禽

(2)　つけるか、はなすかに関する例

潑　潑　竈　竈　幌　幌

腔　腔　冥※　冥　蕨　蕨

蜃　蜃

(3) 接触の位置に関する例

粕　粕　濠　濠　閃　閃　閃

套　套　蔓　蔓

(4) 交わるか、交わらないかに関する例

餌※　餌　誹　誹　銚　銚

寓　寓　胚　胚　軀　軀

(5) その他

訝　訝　訝　聚　聚　聚

3 点画の性質について

(1) 点か、棒（画）かに関する例

（該当例なし）

(2) 傾斜、方向に関する例

蠅　蠅　遁　遁　紐　紐

(3) 曲げ方、折り方に関する例

甑　甑　攢　攢　頓※　頓

撈※　撈

(4) 「筆押さえ」等の有無に関する例

廻　廻　咬　咬

噂　噂　噂　溢　溢　溢

雫　雫

(5) とめるか、はらうかに関する例

揆　揆　遽　遽　毯　毯

咽※　咽　憫　憫　爛　爛

(6) とめるか、ぬくかに関する例

葺　葺　訊　訊　頷　頷

(7) はねるか、とめるかに関する例

洒　洒　醱　醱　鄭　鄭

隙※　隙

4 表外漢字だけに適用されるデザイン差について

（漢字使用の実態への配慮から、字体の差と考えなくてもよいと判断したもの）

A 画数の変わらないもの

(1) 接触の位置・有無に関する例

虻　虻　茫　茫　炬　炬

渠　渠　倶　倶

(2) 傾斜、方向に関する例

芦　芦　篇　篇　闇※　闇

蹄　蹄　籠※　籠　喰　喰

煎※　煎　廟　廟　逞　逞

疼　疼

(3) 点か、棒（画）かに関する例

莢※　莢　灼　灼　蔑※　蔑

筑　筑　註　註

(4)　続けるか、切るかに関する例

薇　薇　頽　頽　譚　譚

(5)　交わるか、交わらないかに関する例

訛　訛　篝　篝　珊　珊

恢　恢　鴇　鴇

(6)　その他

囀　囀　饗　饗　挺　挺

柵※　柵

B　画数の変わるもの

(1)　接触の位置に関する例

牙※　牙　牙　穿　穿　穿

漑　漑　漑　漑

葦　葦　葦　憐　憐　憐

(2)　続けるか、切るかに関する例

叟　叟　瘦※　瘦　嘩　嘩

畢　畢　兎　兎　稗　稗

笈　笈

C　特定の字種に適用されるもの（個別デザイン差）

卉 卉　荊 荊　稽※ 稽

腔 腔　叱※ 叱

靭 靭 靭　脆 脆

呑 呑　臈 臈

印刷文字字形（明朝体字形）と筆写の楷書字形との関係

国語審議会答申「表外漢字字体表」（平成12年）「I前文」による。（一部、平成22年告示「常用漢字表」に合わせて改変。）

常用漢字表「（付）字体についての解説」の「第2 明朝体と筆写の楷書との関係について」で「字体としては同じであっても、1、2に示すように明朝体の字形と筆写の楷書の字形との間には、いろいろな点で違いがある。それらは、印刷文字と手書き文字におけるそれぞれの習慣の相違に基づく表現の差と見るべきものである。」と述べられているように、同じ字体であっても、印刷文字字形（ここでは明朝体字形）と筆写の楷書字形とは様々な点で字形上の相違が見られる。表外漢字については、常用漢字ほど手書きをする機会はないと思われるが、楷書で筆写する場合には上記「明朝体と筆写の楷書との関係について」が参考になる。

ただし、表外漢字における印刷文字字形と筆写の楷書字形との相違は、常用漢字以上に大きく、常用漢字表でいう字体の違いに及ぶものもあるので、この点については特に留意する必要がある。そのような字形の相違のうち、幾つかを例として掲げるが、これは、手書き上の習慣に従って筆写することを、この字体表が否定するものではないことを具体的に示すためである。以下、「明朝体字形」を先に掲げ、次に対応する「楷書字形の例（明朝体字形に倣ったものの例／手書き上の習慣に従ったものの例）」という順に並べて示す。

（※印は現在は常用漢字。）

(1)　薩―薩／薩　諺―諺／諺

(2)　墟―墟／墟　嘘―嘘／嘘

(3)　噂―噂／噂　溢―溢／溢

(4)　翰―翰／翰　鰯―鰯／鰯

(5)　噌―噌／噌　甑―甑／甑

(6) 猜―猜／猜　錆―錆／錆

(7) 喩※―喩／喻　楡―楡／楡

(8) 葛※―葛／葛　偈―偈／偈

(9) 顚―顚／顛　塡※―塡／填

(10) 遡※―　／遡　腿―　／腿

(11) 祇―祇／祇　榊―榊／榊

(12) 飴―飴／飴　饉―饉／饉

＊⑽で「明朝体字形に倣った例」を省略したのは、楷書字形としては一般的でないという判断に基づいたものである。

公益財団法人 日本漢字能力検定協会

漢検

漢検 過去問題集 準1級

標準解答

目次

別冊

本体からはなしてお使いください。

漢検 公益財団法人 日本漢字能力検定協会

700487 (1-1)

(一) 読み (30) 1×30

1	2	3	4	5	6	7	8	9	10	11	12	13	14	15	16	17	18
けんちゅう	しゃはん	きかん	ちょうぞう	けいじつ	しょうあい	かすい	うつうつ	しんゆう	けいつい	とんぼく	すいばん	りょうりゃく	とくしゅ	さいさく	おうきゃく	そうたく	しっぴ

(二) 表外の読み (10) 1×10

1	2	3	4	5	6	7	8	9	10
ほてい	くみ	ぬさ	にわ	かたど	たす	ほぼ	めあ	つまび	とが

合格者平均得点 8.8/10

(三) 熟字訓・当て字の読み (10) 1×10

ア		イ	
1	2	3	4
しょうほう	か	しゅくせい	はや

(五) 書き取り (40) 2×20

1	2	3	4	5	6	7	8	9	10	11	12
間然	億劫	穿	藻屑	斡旋	雲霞	灼熱	落胤	紐帯	摑	凱歌	詫(侘)

(六) 誤字訂正 (10) 2×5

	1	2	3	4	5
誤	鼓	蘇	決	恥	具
正	呼	楚	血	知	紅

合格者平均得点 7.2/10

(七) 四字熟語 (30)

問1 書き取り 2×10

1	2	3
淳醇風	碩師	臨淵

(八) 対義語・類義語 (20) 2×10

1	2	3	4	5	6	7	8	9	10
強靱	峻烈	黄昏	弛緩	稗史	薙剃髪	汀渚	顚末	雅量	陵凌駕

合格者平均得点 17.1/20

(十) 文章題 (20)

書き取り 2×5

1	2	3	4	5
岨陰	葛・蔓	恰・宛	少幼	縦従容

合格者平均得点 6.4/10

読み 1×10

ア	イ	ウ	エ	オ	カ
か	あまね	ついい	もっと	しか しこう	けだ

19	20	21	22	23	24	25	26	27	28	29	30
ばんかん	ゆうじょう	はざま	もみじ	しとみど	くるわ	よな	もすそ	しばしば	なわて	そぞろ	まこも

合格者平均得点 28.3 / 30

ウ 5	ウ 6	エ 7	エ 8	オ 9	オ 10
いんか	ゆる	きげん	よ	ほうせん	に

合格者平均得点 9.8 / 10

(四) 共通の漢字 (10)

1	2	3	4	5
封	戻	法	創	赤

2×5

合格者平均得点 5.8 / 10

13	14	15	16	17	18	19	20
案按 摩	彫(雕)琢	暗渠	趨勢	漏洩(泄)	巻	撒	蒔

合格者平均得点 35.7 / 40

4	5	6	7	8	9	10
泡沫	箪食	雀羅	叫喚	手低	繍口	坦懐

合格者平均得点 18.6 / 20

問2 意味と読み

1	2	3	4	5
ちょうひょう	がてつ	とかく	しょり	ほきゅう

2×5

合格者平均得点 7.3 / 10

(九) 故事・諺 (20)

1	2	3	4	5	6	7	8	9	10
立錐	暖簾	勿怪(物)	至誠	帥	恢恢(恢々)	梁塵	鴻毛	桃李	砥柱

2×10

合格者平均得点 13.4 / 20

キ	ク	ケ	コ
へだ	うら	いと	ばんい

合格者平均得点 9.2 / 10

学習日	得 点
月 日	／200
月 日	／200
月 日	／200

準1級 試験問題 2 標準解答【本冊20～23ページ】

(一) 読み (30) 1×30

1	2	3	4	5	6	7	8	9	10	11	12	13	14	15	16	17	18
しゃく	らんすい	とうし	もぎどう	びゅうせん	けいばく	りつれつ	かじょう	きちゅう	けんちょう	しゅぼば	しどう	きくじん	ごんぐ	たいせい	せいしゃ	きゅうひ	じんらい

(二) 表外の読み (10) 1×10

1	2	3	4	5	6	7	8	9	10
はなぶさ	じ	こいねが	すだ	くぐ	かたじけな	そぞ	あずか	つか	ま

合格者平均得点 9.3/10

(三) 熟語の読み・一字訓読み (10) 1×10

ア 1	ア 2	イ 3	イ 4
しゅんけい	すぐ	きんじゃく	つつし

(五) 書き取り (40) 2×20

1	2	3	4	5	6	7	8	9	10	11	12
罫線	些(聊)	箔	瀕死	大袈裟	首魁	急先鋒	轟	通牒	有卦	撚	外套

(六) 誤字訂正 (10) 2×5

	1	2	3	4	5
誤	胆	徒	波	認	唐
正	堪	賭	播	任	陶

合格者平均得点 7.6/10

(七) 四字熟語 (30)

問1 書き取り 2×10

1	2	3
鳴蟬	杓子	焚書

(八) 対義語・類義語 (20) 2×10

1	2	3	4	5	6	7	8	9	10
晦渋	雑駁	高踏	諫言	安堵 案堵	冥府	宥免	蒼生	抜擢	凋残

合格者平均得点 16.8/20

(十) 文章題

書き取り (20) 2×5

1	2	3	4	5
遣	林檎	纏	琢磨	仮借

合格者平均得点 7.4/10

読み 1×10

ア	イ	ウ	エ	オ	カ
のんき	ろくまく	しゅうしゅう	わさび	さぎり	しばしば

19	20	21	22	23	24	25	26	27	28	29	30
そうとつ	ちょさん	かし	しぎ	にら	みす	つたかずら	はないかだ	うしとら	のり	あや	そむ

合格者平均得点 27.4 / 30

ウ		エ		オ	
5	6	7	8	9	10
えんてい	せ	えんゆう	おお	こつりゃく	ゆるが

合格者平均得点 9.4 / 10

(四) 共通の漢字 (10)

1	2	3	4	5
鼻	鮮	委	流	志

2×5

合格者平均得点 4.4 / 10

13	14	15	16	17	18	19	20
淘汰	鍍金 鍍	撞著 撞着	煽	柳眉	斥候	石膏	拙攻

合格者平均得点 37.0 / 40

4	5	6	7	8	9	10
照顧	風餐	落雁	我聞	花明	鬼斧	阿世

合格者平均得点 15.8 / 20

問2 意味と読み

1	2	3	4	5
りく	てんよう	ひょうき	しゅれん	せんきょう

2×5

合格者平均得点 7.6 / 10

(九) 故事・諺 (20)

1	2	3	4	5	6	7	8	9	10
烏有	里(俚)耳	釜中	釣瓶	杵柄	奇貨	菩提	襟裾	梅檀	憂患

2×10

合格者平均得点 17.2 / 20

キ	ク	ケ	コ
もうえい	いだ	い	おも

合格者平均得点 7.8 / 10

学習日	得 点
月 日	／200
月 日	／200
月 日	／200

準1級 試験問題 3 標準解答【本冊24～27ページ】

(一) 読み (30) 1×30

1	2	3	4	5	6	7	8	9	10	11	12	13	14	15	16	17	18
きゅうだん きゅうたん	しれい	ちょうこう	えいまん	だいこう	ねぎ	ようにん	てんさい	しゅうぼく	こうふ	ちょし	ひっせい	ぼいん	せきこ	けつがん	かくど	じゅせん	ちんしょ

(二) 表外の読み (10) 1×10

1	2	3	4	5	6	7	8	9	10
あらた	まみ	はしゃ	ことさら	ほぼ	ふさ	ゆる	くじ	ただ	かねがね

合格者平均得点 9.0/10

(三) 熟字訓・当て字の読み … 一字訓の読み 熟語の読み (10) 1×10

ア		イ	
1	2	3	4
そっせん	ひき	とんいつ	のが

(五) 書き取り (40) 2×20

1	2	3	4	5	6	7	8	9	10	11	12
菱形	鷹揚	馴染	自儘	満腔	贋作	喋(喃)	雨樋	圭角	晒	天秤	逗留

(六) 誤字訂正 (10) 2×5

	1	2	3	4	5
誤	才	労	琢	叙	就
正	采	弄	鐸	恕	執

合格者平均得点 7.9/10

(七) 四字熟語 (30)

問1 書き取り 2×10

1	2	3
李下	東窺	邑犬

(八) 対義語・類義語 (20) 2×10

1	2	3	4	5	6	7	8	9	10
模糊	退嬰	愁傷	仮寓	脆弱	隆替	介意	股肱	無垢	正鵠

合格者平均得点 16.4/20

(十) 文章題 (20)

書き取り 2×5

1	2	3	4	5
褸	紅蓮	風光	往昔	毅然

合格者平均得点 7.8/10

読み 1×10

ア	イ	ウ	エ	オ	カ
すこぶ	ばか	と	かいわい	こんめい	しい しゅい

19	20	21	22	23	24	25	26	27	28	29	30
せんがん	ほんろう	たねもみ	さかき	とろ	さか	ふさ	さば	おおひれ	けこ けご	こしき	ひつじさる

合格者平均得点 26.1 / 30

ウ		エ		オ	
5	6	7	8	9	10
そうい	めぐ	ゆうねん	はか	れんこう	わた

合格者平均得点 9.2 / 10

(四) 共通の漢字 (10) 2×5

1	2	3	4	5
師	隔	遊	具	弊

合格者平均得点 5.6 / 10

13	14	15	16	17	18	19	20
麗麗 麗々	轡(銜・勒)	賑	梓	刺	資	倦	膿

合格者平均得点 34.2 / 40

4	5	6	7	8	9	10
阿付 阿附	夜郎	蒼然	傾城	怒濤	云為	致知

合格者平均得点 18.7 / 20

問2 意味と読み 2×5

1	2	3	4	5
くほう	そうぼう	ふんど	へきけつ	しんし

合格者平均得点 9.3 / 10

(九) 故事・諺 (20) 2×10

1	2	3	4	5	6	7	8	9	10
蓬莱	刎	北辰	巧詐	糟糠	全功	芝蘭	董狐	青山	横道

合格者平均得点 13.0 / 20

キ	ク	ケ	コ
きく	しんりつ	こげん	こうつう

合格者平均得点 9.7 / 10

学習日	得点
月 日	／200
月 日	／200
月 日	／200

準1級 試験問題 4 標準解答【本冊28～31ページ】

(一) 読み (30)

1	2	3	4	5	6	7	8	9	10	11	12	13	14	15	16	17	18
しし	だいじょうえ	こうとう	てきか てっか	ひんぴん	きょうさい	きんしゃ	ぶき	ゆうぶつ	てっとう	むげ	きょうりん	こうぎょ	えんがい	じょうぎ	きし	かんそう	そうち

1×30

(二) 表外の読み (10)

1	2	3	4	5	6	7	8	9	10
あげつら	きざはし	まいな	つづま	こぞ	こま	しばしば	ゆめゆめ	し	しめ

1×10

合格者平均得点 8.6/10

(三) 熟字訓・当て字の読み (10)

ア 1	ア 2	イ 3	イ 4
よぼう	おお	きち	うかが

1×10

(五) 書き取り (40)

1	2	3	4	5	6	7	8	9	10	11	12
梱包	扮装	雌蕊	賞玩翫	蒲柳	柑橘	鞘当	快哉	簾	瓢箪	危殆	途轍

2×20

(六) 誤字訂正 (10)

	1	2	3	4	5
誤	飾	初	進	並	竣
正	燭	緒	信	併	峻

2×5

合格者平均得点 8.6/10

(七) 四字熟語 (30)

問1 書き取り

1	2	3
規矩	盤(槃)根	巻捲土

2×10

(八) 対義語・類義語 (20)

1	2	3	4	5	6	7	8	9	10
留別	迂廻回	蒙昧	蘇(甦)生	背馳	貴賤	惹起	溢美	径(逕)庭	契合

2×10

合格者平均得点 14.8/20

(十) 文章題 (20)

書き取り

1	2	3	4	5
濡	橋梁	気障	糟粕(魄)	放蕩

2×5

合格者平均得点 7.7/10

読み

ア	イ	ウ	エ	オ	カ
さら	よもぎ	おお	まと	あわせ	ひじ

1×10

30	29	28	27	26	25	24	23	22	21	20	19
おだまき	なん	なんじ	いびつ	つばおと	くま	よみ	うばぐち	もく	また	ふんぞうえ	きゃら

合格者平均得点 25.6 / 30

ウ 5	ウ 6	エ 7	エ 8	オ 9	オ 10
たんぜん	たた	しゅうおく	ふ	しっかい	ことごと

合格者平均得点 9.7 / 10

(四) 共通の漢字 (10)

1	2	3	4	5
揚	幽	老	祖	疑

2×5

合格者平均得点 6.4 / 10

13	14	15	16	17	18	19	20
汲汲 / 汲々	煤塗	俄然	心胆	笠	嵩	伍	期

合格者平均得点 36.0 / 40

4	5	6	7	8	9	10
一蓮	不倶	半銭	狗盗	佳肴	奄奄 / 奄々	櫛比

合格者平均得点 17.3 / 20

問2 意味と読み

1	2	3	4	5
はくい	がいしゅう	ちくい	にんにく	とき

2×5

合格者平均得点 7.6 / 10

(九) 故事・諺 (20)

1	2	3	4	5	6	7	8	9	10
五斗米	無何有	浄瑠璃	孝子	藁	獅子	狐狸	蜘蛛	芥	破鏡

2×10

合格者平均得点 15.0 / 20

キ	ク	ケ	コ
た	なまかじ	かいふく	な

合格者平均得点 9.3 / 10

学習日	得点
月　日	／200
月　日	／200
月　日	／200

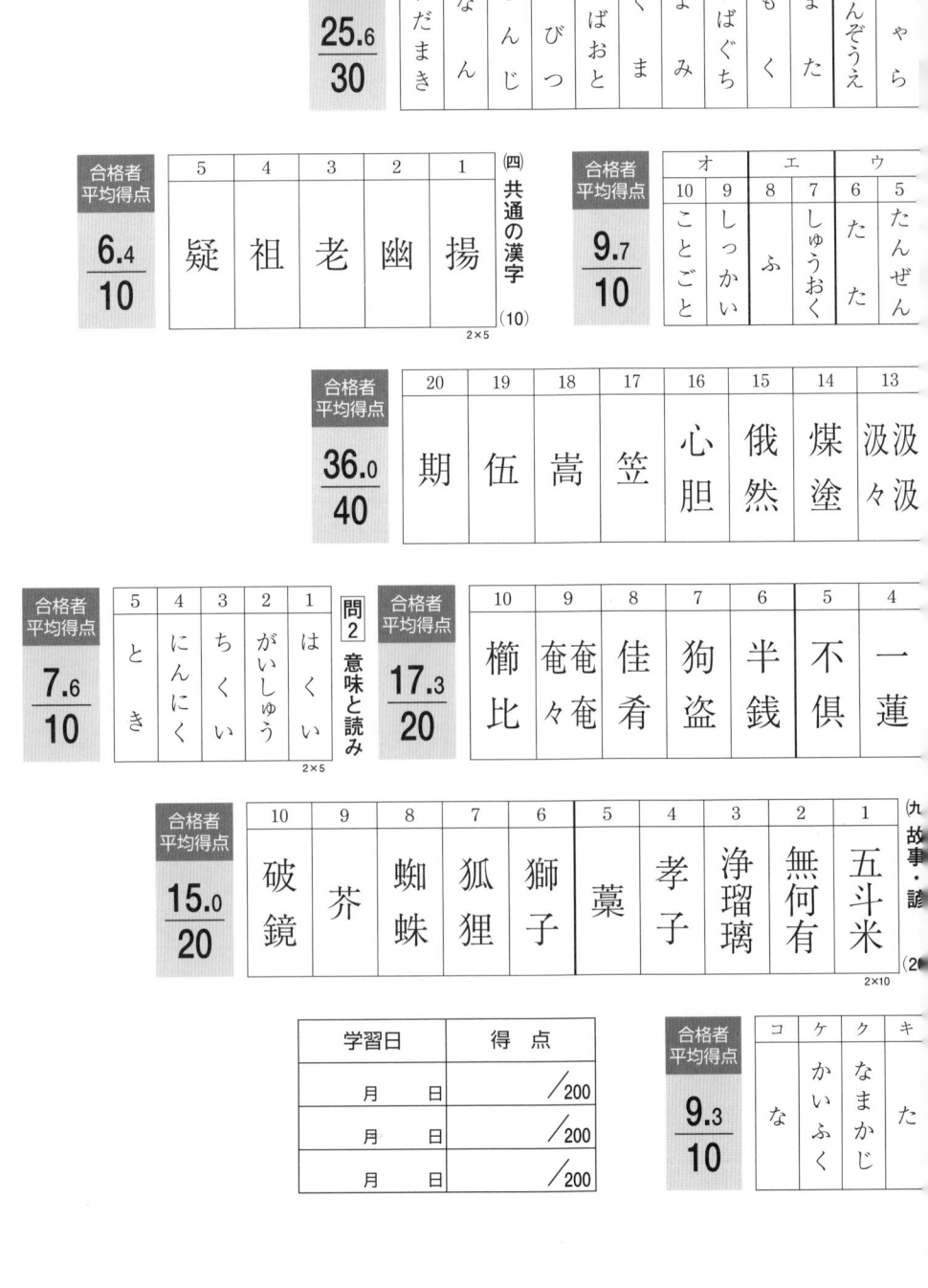

準1級 試験問題 5 標準解答【本冊32〜35ページ】

(一) 読み (30) 1×30

1	2	3	4	5	6	7	8	9	10	11	12	13	14	15	16	17	18
おうご	もうじょう	たんび	ぐぜい	ぼうし	ちんてい	ちくろく	てっしょ	せきふ	げいぎ	そうよう	おうなつ	ひんば	ぼくぜん	しんえん	あいれん	れんじん	ぎょくせつ

(二) 表外の読み (10) 1×10

1	2	3	4	5	6	7	8	9	10
なんなん	たち	かど	たなごころ	もろもろ	ゆず	ちょうちょう	ほとん	よ	よろ

合格者平均得点 8.9／10

(三) 熟字訓・当て字 一字訓の読み (10) 1×10

ア 1	ア 2	イ 3	イ 4
じょうしょう しょうじょう	たす	ひき	そし

(五) 書き取り (40) 2×20

1	2	3	4	5	6	7	8	9	10	11	12
鉤括弧	掬	槌音	煤煙	厭戦	蓑虫	怯	稜線	逼塞	牽牛星	挺	勿怪

(六) 誤字訂正 (10) 2×5

	1	2	3	4	5
誤	弔	服	陰	噴	昏
正	凋	幅	隠	吻	紺

合格者平均得点 8.0／10

(七) 四字熟語 問1 書き取り (30) 2×10

1	2	3
杜撰	全豹	膏火

(八) 対義語・類義語 (20) 2×10

1	2	3	4	5	6	7	8	9	10
聡慧	狐疑	瞥見	致仕	混(渾)沌	巷間	破天荒	尽日	永訣	逢著着

合格者平均得点 15.1／20

(十) 文章題 書き取り (20) 2×5

1	2	3	4	5
蒔絵	馳(駛・騁)	無垢	菩提	凌

合格者平均得点 9.7／10

読み 1×10

ア	イ	ウ	エ	オ	カ
こ	つと	なだい	よけい	せいさん	とど

19	20	21	22	23	24	25	26	27	28	29	30
じょせい	いつぼう おつぼう	くめ	なぎ	とらふ	のぶと	あたか	そばみち そわみち	ただ	くつ	むぐら	ひおうぎ

合格者平均得点 27.5/30

ウ		エ		オ	
5	6	7	8	9	10
いくぶん	ひさ	がんろ	おろ	きゅうごう	あつ

合格者平均得点 8.6/10

(四) 共通の漢字 (10)

1	2	3	4	5
望	量	与	辞	戒

2×5

合格者平均得点 7.2/10

13	14	15	16	17	18	19	20
祥瑞	弄	流暢	真贋	珊瑚礁	驚倒	等閑	投函

合格者平均得点 34.8/40

4	5	6	7	8	9	10
啐啄	六菖	軒昂	痩軀	万綜	座坐臥	硯田

合格者平均得点 18.8/20

問2 意味と読み

1	2	3	4	5
しゅそ	ろうずい	もうそ	ぎょぶ	かっぱく

2×5

合格者平均得点 7.4/10

(九 故事・諺 (20

1	2	3	4	5	6	7	8	9	10
会稽	菅笠	本卦	拙工	咳唾	叢中	竿頭	僻目	良禽	返反哺

2×10

合格者平均得点 15.8/20

キ	ク	ケ	コ
お	ふた	ようや	とくぶ

合格者平均得点 7.1/10

学習日	得点
月　日	／200
月　日	／200
月　日	／200

準1級 試験問題 6 標準解答【本冊36～39ページ】

(一) 読み (30) 1×30

1	2	3	4	5	6	7	8	9	10	11	12	13	14	15	16	17	18
すいう	かすい	るじ	しゅんげん	あいえつ	いんし	しゃり	ろくさい	けんどう	かんかん	かんきょう	へいいん	とそつてん	こうき	げきじゅん	かおう	せきそ	こか

(二) 表外の読み (10) 1×10

1	2	3	4	5	6	7	8	9	10
ことほ	さか	ただ	あまつさ	いとぐち	なず	うべな	もろもろ	たた	かしこ

(三) 熟語の読み・一字訓読み (10) 1×10

ア 1	ア 2	イ 3	イ 4
たんい	たい	こうこ	わた

(五) 書き取り (40) 2×20

1	2	3	4	5	6	7	8	9	10	11	12
立錐	閏年	壊死	喧伝	逆鱗	泡沫	些(瑣)事	藪蛇	尻窄	靴箆	埴生	点綴

(六) 誤字訂正 (10) 2×5

	1	2	3	4	5
誤	細	紛	問	賞	広
正	犀	扮	悶	勝	江

(七) 四字熟語 (30)

問1 書き取り 2×10

1	2	3
阿付附	旧套	邑犬

(八) 対義語・類義語 (20) 2×10

1	2	3	4	5	6	7	8	9	10
峻拒	抜錨	荒蕪	末梢	文治	隆昌	帰趨	顛末	斥候	尚歯

(十) 文章題 (20)

書き取り 2×5

1	2	3	4	5
為楽	袈裟	穿	思惟	休戚

読み 1×10

ア	イ	ウ	エ	オ	カ
さ	かんがん	し	へきが	くり	かさ

19	20	21	22	23	24	25	26	27	28	29	30
わくわく	しんしょう	はざま	すぎ	おり	いと	ぬ	あらたか	かんが	あや	あさぎ	からころも

ウ		エ		オ	
5	6	7	8	9	10
あくおん	あつ	かてい	さいわ	しょうあい	あつ

(四) 共通の漢字 (10) 2×5

1	2	3	4	5
信	死	帰	配	故

13	14	15	16	17	18	19	20
億劫	昏倒	熟(倩)	灌仏会	洞	法螺	初更	曙光

4	5	6	7	8	9	10
無間	金烏	一閃	同塵	蒲輪	鳳雛	賊子

問2 意味と読み 2×5

1	2	3	4	5
たいれい	ほろう	あいこう	えんぴ	ふてい

(け 故事・諺 (2 2×10

1	2	3	4	5	6	7	8	9	10
胡(蝴)蝶	美禄	将相	苛政	晦朔	卑下	爾汝	井蛙	乾坤	至誠

キ	ク	ケ	コ
たまたま	びんけい	よろん	ひ

学習日	得点
月　日	／200
月　日	／200
月　日	／200

(一) 読み (30) 1×30

1	2	3	4	5	6	7	8	9	10	11	12	13	14	15	16	17	18
こうこう	しじろ	こうめい	れっか	ちんてん	はくりゅう	りんせき	ふぎょう	しゅうとう	じゅんきょ	きょくれい	とうばん	こんきん	きょうきょ	ほうう	かんそ	りんき	りゅうせつ

(二) 書き取り (40) 2×20

1	2	3	4	5	6	7	8	9	10	11	12
溝渙	韋駄天	跪	諧謔	熨斗 / 熨	霜降	饐	疼痛	節榑	矻兀 矻兀	出涸	誂

(三) 語選択 書き取り (10) 2×5

1	2	3	4	5
目耕	汗青	筌蹄	蠹魚	款識

合格者平均得点 6.9 / 10

(四) 四字熟語 問1 書き取り (30) 2×10

1	2	3	4
無明	風檣	環堵	轗軻

(五) 熟字訓・当て字 (10) 1×10

1	2	3	4	5	6	7	8	9	10
やご	ワンタン	あけび	ごかい	かじかがえる / かじか	やぶさめ	たがやさん	めなだ	やつがしら	まつむしそう

合格者平均得点 9.1 / 10

(七) 対義語・類義語 (20) 2×10

1	2	3	4	5	6	7	8	9	10
掉尾	凶歉	挂冠	豁闊達	料峭	玉章	豺虎	弾指頃	鶏黍	解纜

合格者平均得点 17.0 / 20

(九) 文章題 書き取り (30) 2×10

1	2	3	4	5	6	7	8	9	10
平旦	済勝	衾	砂礫	緒	瑕疵	鄙卑猥	躊躇	有髯	駕

合格者平均得点 13.4 / 20

30	29	28	27	26	25	24	23	22	21	20	19
さだ	そ	おく	しか	えびら	こ	すす	はじ	なに	いかだ	ほうしょう	ばいえい

合格者平均得点 26.9 / 30

20	19	18	17	16	15	14	13
旻	鱠	黄老	劫臘藹	膠漆	掣肘	磆	嵌入

合格者平均得点 35.9 / 40

10	9	8	7	6	5
月鼈	譏誣	勒馬	皓歯	驪黄	悉有

合格者平均得点 17.0 / 20

問2 意味と読み

5	4	3	2	1
しょうう	なんし	にしゃ	べんぺき	ぞくれい

2×5

合格者平均得点 8.3 / 10

(六) 一字訓の読み (10

ア		イ		ウ		エ		オ	
1	2	3	4	5	6	7	8	9	10
よくたい	たす	きゅうごう	あつ	はくえい	う	けつよう	あば	めいぎょく	さと かしこ

1×10

合格者平均得点 9.1 / 10

故事・諺 (2

1	2	3	4	5	6	7	8	9	10
薨	白玉楼	積毀	竈	桴・枹	水潦	戚戚々戚	鍼針縷	鍾馗	蛟竜

2×10

合格者平均得点 18.3 / 20

読み

ア	イ	ウ	エ	オ	カ	キ	ク	ケ	コ
れんい	べっしょ	お	いよいよ	すわ	くず	さかのぼ	かたそば かたそ	ざんがん	はさ

1×10

合格者平均得点 8.7 / 10

学習日	得 点
月 日	／200
月 日	／200
月 日	／200

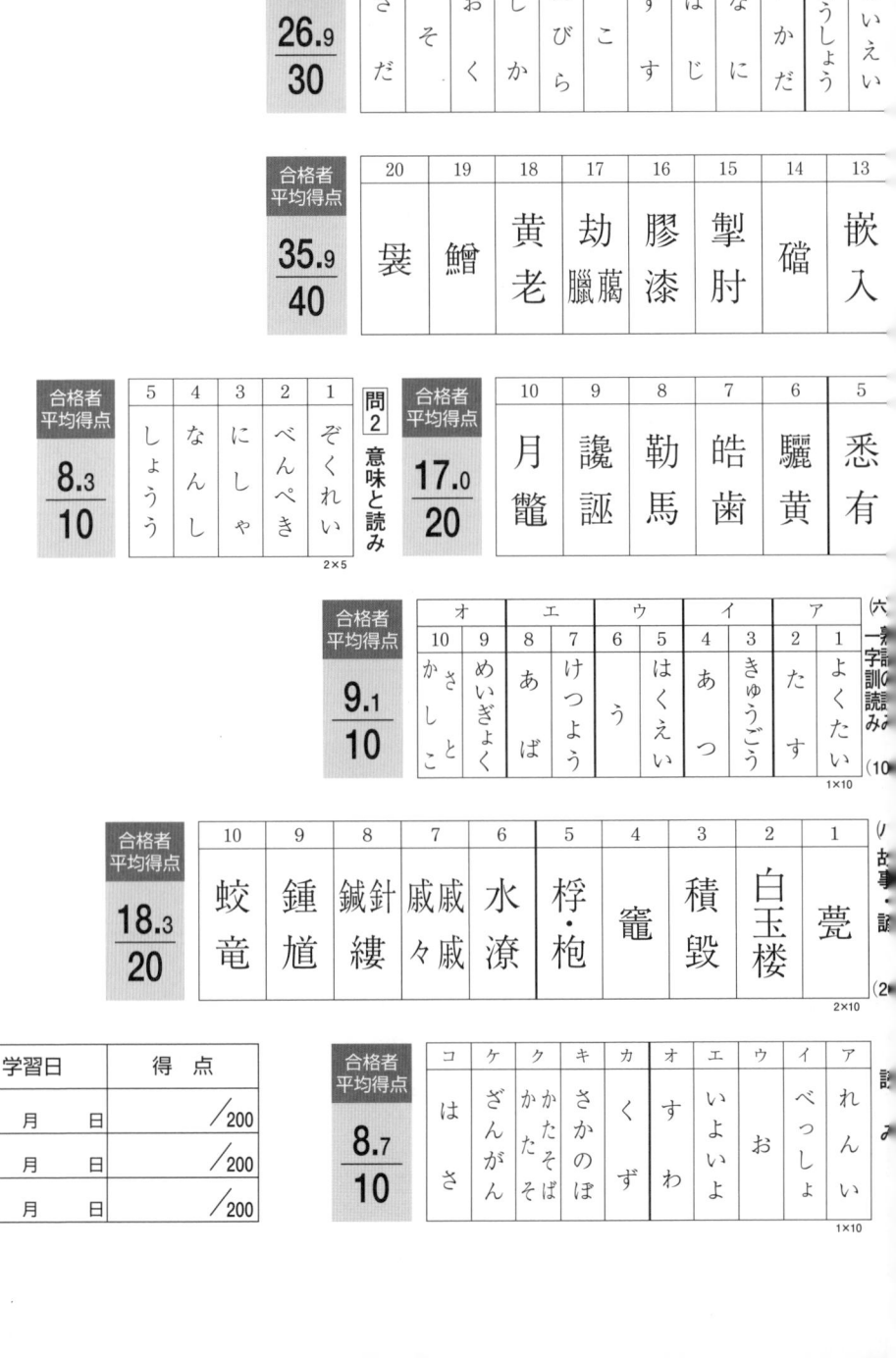

● 準1級受検者の年齢層別割合（2019～2021年度）

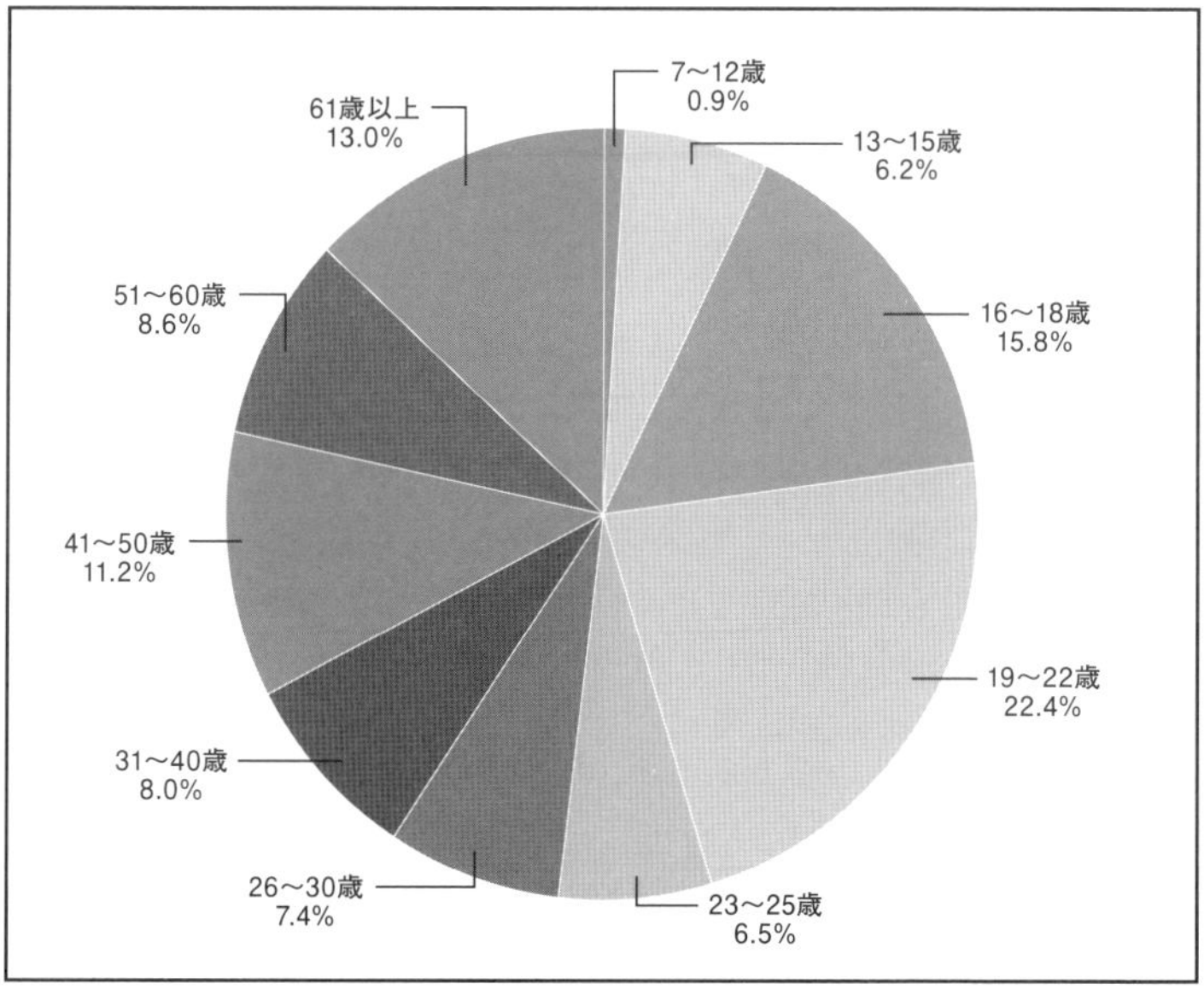

● 準1級の設問項目別正答率（試験問題5）

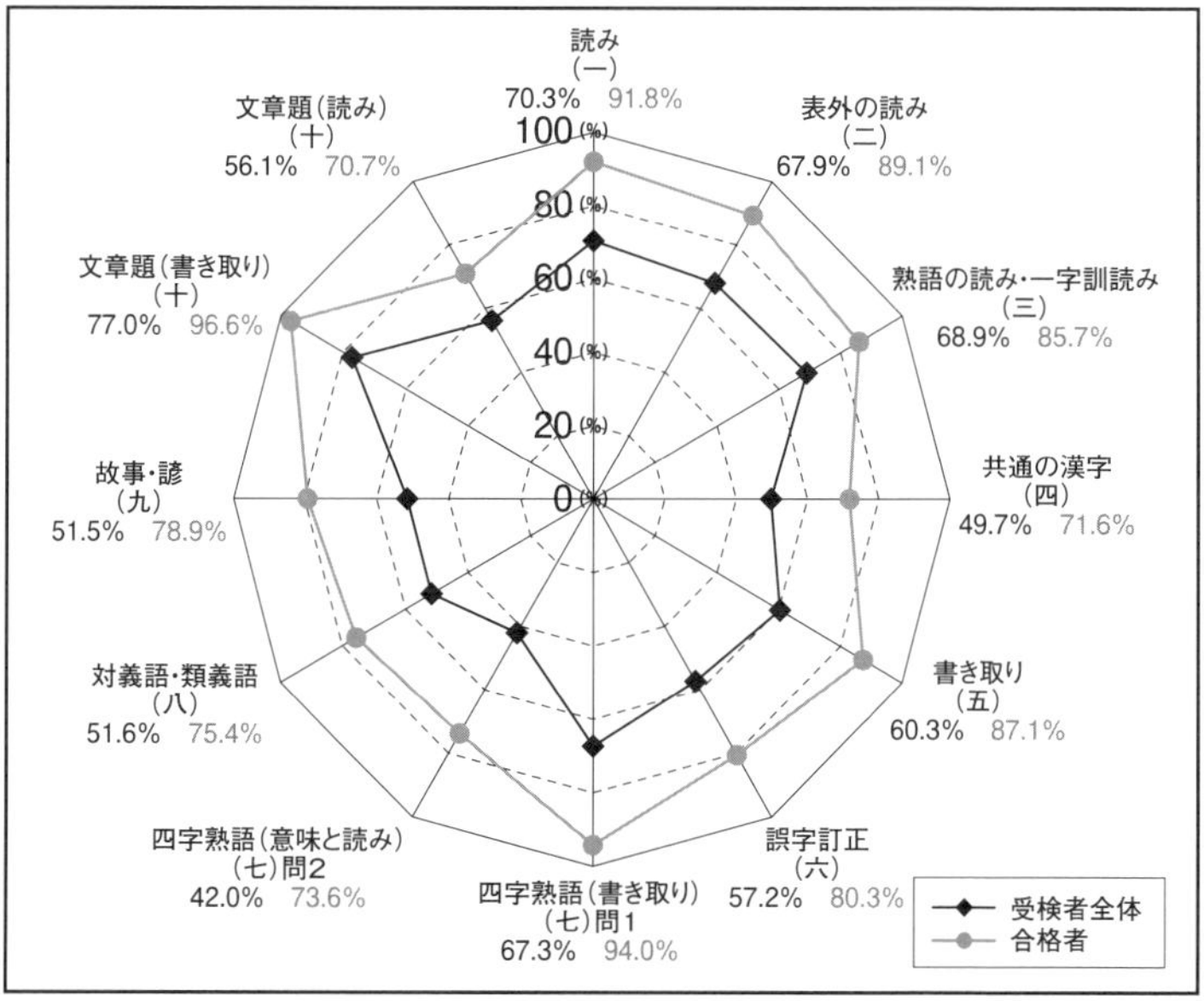

※（一）読み、（二）表外の読みなどの設問項目名は、標準解答のものと対応しています。
※枠内の数値（%）は、左側が受検者全体、右側が合格者の正答率です。

●本書に関するアンケート●

今後の出版事業に役立てたいと思いますので、アンケートにご協力ください。抽選で粗品をお送りします。

◆PC・スマートフォンの場合

下記 URL、または二次元コードから回答画面に進み、画面の指示に従ってお答えください。

https://www.kanken.or.jp/kanken/textbook/past.html

◆愛読者カード（ハガキ）の場合

本書挟み込みのハガキに切手を貼り、お送りください。

漢検 準1級 過去問題集

2023年3月25日　第1版第1刷　発行

編　者　公益財団法人　日本漢字能力検定協会

発行者　山崎　信夫

印刷所　大日本印刷株式会社

発行所　公益財団法人　日本漢字能力検定協会

〒605-0074 京都市東山区祇園町南側551番地

☎(075)757-8600

ホームページhttps://www.kanken.or.jp/

ISBN978-4-89096-487-1 C0081

乱丁・落丁本はお取り替えいたします。